导向内心成长

——在英语教学中培育核心素养

许楚燕 / 著

沈阳出版发行集团
沈阳出版社

图书在版编目（CIP）数据

导向内心成长：在英语教学中培育核心素养 / 许楚燕著. —沈阳：沈阳出版社，2020.9
ISBN 978-7-5716-1423-2

Ⅰ.①导… Ⅱ.①许… Ⅲ.①英语课—中学—教学参考资料 Ⅳ.①G633.413

中国版本图书馆CIP数据核字（2020）第185953号

出版发行：	沈阳出版发行集团｜沈阳出版社
	（地址：沈阳市沈河区南翰林路10号 邮编：110011）
网　　址：	http://www.sycbs.com
印　　刷：	北京政采印刷服务有限公司
幅面尺寸：	170mm×240mm
印　　张：	12.25
字　　数：	221千字
出版时间：	2022年6月第1版
印刷时间：	2022年6月第1次印刷
责任编辑：	马　驰
封面设计：	言之凿
版式设计：	李　娜
责任校对：	王玉位
责任监印：	杨　旭
书　　号：	ISBN 978-7-5716-1423-2
定　　价：	45.00元

联系电话：024-24112447
E－mail：sy24112447@163.com

本书若有印装质量问题，影响阅读，请与出版社联系调换。

序言

有关英语学科核心素养的思考

什么是教育之本？什么是教学之本？怎样的教师是优秀的教师？怎样才能使自己从教师成长为教育者呢？怎样的教师才能唤起学生对知识的渴望，唤醒他们心灵的重生呢？在新时代，我们作为教师需要做些什么呢？

从教育上来说，我们是教师，我们要教会学生做人；从教学学科上来说，我们要引导学生懂得学习方法；从教师自身成长上来说，我们只有自己发展了才能让学生成长。然而，无论怎样，我们都离不开学习，离不开一个"悟"字，在学习中领悟出知识，领悟出人生，然后继续进行自我修炼。如此循环，我们才能成为师者，但前提是我们永远应是"学"者，在学习—感悟—修炼中做着我们为之谋生而又孜孜以求的事业。

叶圣陶先生曾说过"教育是农业不是工业"，从中可以看到农业和工业在生成成果过程中的差异。工业是批量制造，而农业则是悉心栽培。在培育过程中，农耕者们作为农作物的栽培者，在耕种过程中需要尊重植物的生长规律，掌握恰当的技能，让作物在合适的水土条件和充足的阳光下茁壮成长。教师也是如此，在教学实施的过程中，教师要关注我们培植出的成果各有差异。成果的完美是在主体的内在潜能激发和辅佐的外在耕耘下完成的，因此教师首先需要提升自我，净化自我；其次是言传身教，唤醒学生内心的觉醒；最后是内化知识，学生通过自我消化、自我领会、自我接受、自我成长，形成独具一格的人。随着教育改革的逐步推进，以人为本、立德树人的教育理念逐渐在教师心中生根发芽。2014年3月，《教育部关于全面深化课程改革　落实立德树人根本任务的意见》中明确把核心素养的内涵界定为"学生应具备的适应终身发展和社会发展需要的必备品格和关键能力"。2016年9月，中国学生发展核心素养总体框架正式发布。它以培养"全面发展的人"为核心，从文化基础、自主发展、社会参与三个方面，凝练出人文底蕴、科学精神、学会学习、健康生活、责任担当、实践创新六大素养。国家从重视学生成绩转向对于培育学生能力和人格的重视，这对教师的教育教学能力提出了更高的要求。培养学生健全人格，这正是我们教师——无论是现在还是未来应该不断奋斗、不断努力的方向。

　　1978年以来，英语课程被认定为我国外语教学重要的语种之一，从小学开始就和语文、数学一起被定位为三大课程。作为一门需要参加中考的课程，我们老师更注重于应试教学。在现行的英语教学中，教师的重点放在单纯的词的发音、词义的解释、语法的结构理解和解释、固定词组搭配的记忆等方面，受到升学压力的影响，我们的老师根据中考题型，对学生进行大量的题海战术，课堂讲解如何做试题，采用什么样的语法知识，教师课堂教学更加注重语言知识的使用。然而，教师忽略了对语境的关注，忽略了以语境为基础的语篇教学，缺乏以理解和分析语篇在社会交际中的功能、认识语篇整体的语义结构特点等进行教学的意识。教师忽略语境和语篇的教学研究以及课堂教学的实施，学生学习到的知识凌乱，到了现实社会中不懂得运用，同时在中考中阅读量的增加，使得学生在实际应试中取得的成绩也相对不理想。

　　我们所在的农村学校，虽然现在地处城乡接合地区，但是我们的学生接触实际运用英语的机会较少。在教学中，我们老师通过辛勤的教学，学生的英语成绩有所提升。也许，我们会因此沾沾自喜，认为我们的英语教学质量有所提高，学生是有能力学习英语的。但是当学生进入高一级学校学习时，现实上反映出的是英语成绩退步，学习英语能力下降。归其原因是，我们在英语教学中没有关注到学生发展能力的培养，分数提高了但是学生的能力没有提升，没有关注到对学生将来的学习能力及策略的引导。

　　近年来，我们在落实立德树人教育理念的同时，核心素养一直是我们教育教学培养的目标，学生的正确价值观、必备品格和关键能力通过我们的教育是能逐步形成的，学科核心素养就是学科育人价值的集中体现。英语学科核心素养主要指语言能力、文化意识、思维品质和学习能力，在这里，我们将从这四方面对英语核心素养的培育进行研究。

（1）语言能力不仅是英语学习的基础，也是英语学科核心素养的基础要素。在社会情境中，它是以听、说、读、看、写等方式理解和表达意义的能力，在学习和使用语言的过程中形成的语言意识和语感。英语语言能力的提高和培养将促进学生文化意识、思维品质和学习能力的提升，有助于学生拓展国际视野和思维方式，开展跨文化交流。

（2）文化意识体现英语学科核心素养的价值取向，在全球化背景下，学生对中外文化的理解以及对优秀文化的认同，是学生跨文化认知、态度和行为取向。文化意识的培育有助于学生增强国家认同和家国情怀，坚定文化自信，树立人类命运共同体意识，学会做人做事，成长为有文明素养和社会责任感的人。

（3）思维品质是英语学科核心素养的心智特征，主要是在逻辑性、批判性、创新性等方面所表现出的学生思维的能力和水平，学生思维品质的发展有助于提升学生分析和解决问题的能力，从内心、从文化的视角观察和认识世界，对事物能做出正确的价值判断。

（4）学习能力是英语学科核心素养的发展条件，具有学习能力的学生能积极运用和主动调适英语学习策略、拓展英语学习渠道、提升英语学习效率。有利于学生学习能力的培养，有助于学生做好英语学习的自我管理，养成良好的学习习惯，为终身学习打下基础。

《义务教育英语课程标准（2011年版）》（以下简称英语课程标准）强调学习过程，重视语言学习的实践性和应用性，提出引导学生在尽量多的语境中，通过体验、实践、参与、探究和合作等方式，发现语言规律，逐步掌握语言知识和技能，在使用的过程中加深对语言的理解，提高语言运用的能力。王蔷提出，学生以主题意义探究为目的，以语篇为体裁，在理解和表达的语言实践活动中，融合知识学习和技能发展，通过感知、预测、获取、分析、概括、比较、评价、创新等思维活动，构建结构化知识，在分析问题和解决问题的过程中发展思维品质，形成理解文化，塑造正确的人生观和价值观，促进英语科学核心素养的形成和发展。林崇德提出，素养不仅可以规划、设计、实施、教学与评价，而且必须经由学习过程进行培养。1986年，斯珀伯与威尔逊在《交际性：关联与认知》一书中提出了以关联理论为基础的认知语境概念，指出交际是依赖语境而存在的一种动态活动，书面语篇作为作者与读者在书面交际中信息传输的媒介应该从动态的角度进行分析。

许楚燕

2018年10月

目录

上篇
在语篇语境中培育英语学科核心素养

第一章 建构语境教学 …………………………………………… 2
第一节 核心素养的课程体系呼唤语境教学 ………………… 2
第二节 整合教材创设语境 …………………………………… 3
第三节 语境建构教学模式 …………………………………… 7
第四节 语境提升思维品质 …………………………………… 13

第二章 语篇框架理论教学 ……………………………………… 17
第一节 语篇框架理论和阅读素养思考 ……………………… 17
第二节 语篇框架模式构建学生阅读思维能力 ……………… 22

第三章 语言能力在语篇语境中培育 …………………………… 32
第一节 语篇中运用语言知识 ………………………………… 32
第二节 语境中学习词汇和语法 ……………………………… 34
第三节 语境中语法教学课例分析 …………………………… 38

第四章 语言技能在语篇语境中的训练 ………………………… 42
第一节 对语言技能教学目标的思考 ………………………… 42
第二节 听说技能在语篇语境中提高 ………………………… 45
第三节 读写看技能在语篇语境中建构训练的实例 ………… 51

第五章 信息技术在语篇语境教学中的使用 …………………… 59
第一节 信息技术对英语教学的影响 ………………………… 59
第二节 发挥信息技术最优化策略 …………………………… 60

第三节　信息技术创设语境教学策略 ………………………… 65

第六章　线上教学运用多模态语篇理论 ……………………………… 69
  第一节　线上教学的作用 ……………………………………… 69
  第二节　多模态语篇理论和框架 ……………………………… 70

第七章　微型课程拓展语篇语境教学 ………………………………… 75
  第一节　在校本课程中实施微型课程 ………………………… 75
  第二节　校本课程下的微型课程教学实例 …………………… 77

第八章　发展性评价在语篇语境中的运用 …………………………… 89
  第一节　对发展性评价的理解 ………………………………… 89
  第二节　听说发展性评价的实施案例分析 …………………… 90

第九章　教学设计在语篇语境中的运用实例 ………………………… 98
  第一节　教学设计的原则 ……………………………………… 98
  第二节　广州牛津版《英语》教材6A Lesson 22 Part I 和Part II
　　　　　教学设计实例 ………………………………………… 100
  第三节　分层教学设计的具体要求 …………………………… 108

下　篇
培育"以人为本"的英语学科核心素养

第十章　传统文化塑造人的品格 …………………………………… 114
  第一节　学生心理健康问题 …………………………………… 114
  第二节　儒家文化和人的关系 ………………………………… 116
  第三节　儒家传统价值观实施 ………………………………… 119

第十一章　学校文化熏陶人的品格 ………………………………… 124
  第一节　学校文化建设内涵 …………………………………… 124
  第二节　以PCOLT理论为基础的学校文化建设 ……………… 126

第十二章　班级文化优化学生的品格 …………………………… 130
第一节　班级文化对学生的影响 ………………………………… 130
第二节　班级文化对学生心灵唤醒实例 ………………………… 131

第十三章　教师榜样影响学生的品格 …………………………… 136
第一节　重视教师的示范作用 …………………………………… 136
第二节　教师工作措施 …………………………………………… 138
第三节　班主任德育工作案例 …………………………………… 141

第十四章　学生品格的自我内化 ………………………………… 151
第一节　英语潜能生英语学习的问题 …………………………… 151
第二节　点燃英语潜能学生英语学习内动力策略 ……………… 153

第十五章　核心素养促进个人规划成长 ………………………… 158
第一节　职业生涯规划的重要性 ………………………………… 158
第二节　生涯规划存在的问题 …………………………………… 162
第三节　学生生涯规划的实施 …………………………………… 165

第十六章　核心素养关注个体行为 ……………………………… 169
第一节　阻碍素质发展的学生问题行为成因和原因思考 ……… 169
第二节　学生问题行为转化方法 ………………………………… 172

参考文献 …………………………………………………………… 176
后　　记 …………………………………………………………… 184

上篇

在语篇语境中培育英语学科核心素养

中国学生发展核心素养指发展学生适应社会和终身必备品格和关键能力,能力和品格两者相对独立,但是又相互融合。从学生关键能力发展为学生素养,我们可以理解为学生把学科关键能力获得、发展、内化甚至和其他能力相互搓揉、浸润和发酵后,形成人的素养。学生能力的获取来自我们的教育教学,《义务教育英语学科课程标准(2011年版)》(以下简称英语课程标准)强调在英语学习中加强关注主题语境和语篇理解,就是为学习者建构一定的框架,内化语言和技能,发展能力。

语篇承载语言知识和文化知识,传递文化内涵、价值取向和思维方式,为学生发展语言技能和形学习策略提供语言和文化素材,有效使学生形成正确的价值观。主题语境规定着语言知识和文化知识的学习范围,为语言学习提供意义语境,语境中渗透情感、态度和价值观。因此我们依靠语篇和语境,整合学习内容,引领学生语言能力、文化意识、思维品质和学习能力的融合发展。

第一章

建构语境教学

第一节　核心素养的课程体系呼唤语境教学

英语课程标准提出注重素质教育，体现语言学习对学生发展的价值，课程以提高学生的综合人文素养为目标，帮助学生在学习和体验英语的过程中形成初步的综合语言运用能力，要引导学生形成学习英语的积极态度，养成主动学习的习惯，学会观察、分析、思考和提出问题，大胆交流和表达自己的情感、观点和想法。要求整体设计目标，充分考虑学习的渐进性和持续性，强调学习过程，重视语言学习的实践性和应用性。

在"关注学生发展，培养学生核心素养"教育改革趋势的影响下，学生核心素养培养的一个重要方式就是基于核心素养进行课程体系改革。林崇德在《21世纪学生发展核心素养研究》中提出在我国建立基于核心素养的现代课程体系（图1-1）。内容标准和教学建议是促进学生形成核心素养的保证。各学科要结合本学科的学生核心素养安排学科知识，根据教学目标和学科内容特点提出有针对性的教学建议，以促进学生核心素养的形成。

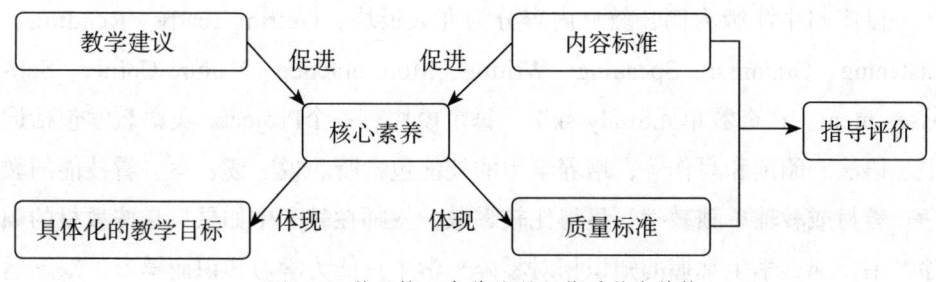

图1-1 基于核心素养的课程体系基本结构

学生核心素养的落实必须通过教育教学实践才能实现，我们需要结合本学科的教学内容和特点，提出具体化的教学目标。这一目标一定是体现学生发展核心素养的教学目标，英语学科素养的目标中正确价值观念、必备品格和关键能力需要落实到每个具体的教学目标中，根据本学科特点安排英语学科知识，实施有针对性的教学。因此，我们思考：应根据教材内容，为学生构建真实的语言环境，学生在语言环境中学习英语学科知识，促进核心素养的形成。我们称人所处的语言环境为语境，在英语教学中，根据主题语境构建英语知识体系，引导学生总结语篇结构，理解各种语境中不同语篇的交际功能，懂得语言形式在社会交际的语境中行使着一定的功能，为学生学习语言输入大量语境中的知识或技能，学生掌握不同主题语境的知识，在不同的语境下参与交际活动，有效输出语言，能综合运用语言，最终促进学生核心素养的形成和发展。

第二节　整合教材创设语境

经济组织在对核心素养的界定中，强调素养的可教性、科学性，核心素养的维度"能互动地使用工具"，"能在异质社会团体中进行互动"以及"能自主地行动"等素养都可以通过学校教育与课程设置使学生获得。陈艳君等认为，英语学科核心素养的语言能力是指借助语言以听、说、读、看、写等方式理解和表达意义的能力，语言能力要求学习者可以整合这些语言技能并经由语境与语篇等产生意义，进行人际交流。

以广州牛津版为例，教材内容分为九大板块：Getting ready、Reading、Listening、Grammar、Speaking、Writing、More practice、Culture Corner、Self-assessment。在奇数单元Study skill，每个模块有一个Project。英语教学包括词汇、语法、阅读和写作等，培养学生的技能包含听、说、读、写、看技能的教学。教材或教辅单独教学，显得比较零散，教师在教学中如果只是按教材的顺序教书，那么学生掌握的知识相对零碎，学生只能为学习知识而学习，缺乏运用语言的能力。构建语境教学，教师创造性地、个性化地对教材和其他教学资源进行整合，把教材作为教学内容的依据，根据教材中语篇设定的语境不同，利用语境把人们进行交际活动的场所、舞台背景和教材的语篇结合，在具体语境中学习语篇，学生从思想上构建一个语言框架。由此，教师整合教材，灵活运用教材，在具体语境中运用教材，训练学生英语技能，指导学生掌握在实际语境中对英语的运用。教师通过整合教材，为学生在课堂的学习创设更有效的语境，为学生学习各项知识和技能创设了一个语言环境，学生能更加系统、全面地学习知识和技能，内化语言，从而有效发展学生语言素养。

以初中英语八年级（A）下册Unit 3 More practice为例，此单元语境是谈论关于传统文化技能的。根据传统文化的主题语境，教学中整合了Unit 3 的Writing，More practice和《英语阳光学业评价》Unit 3单元评价的写作。Unit 3 的Writing和More practice作为主题语境语言输入的语篇材料，学生在学习过程建构语言框架，学生在教师创设的传统文化语境下学习，教师帮助学生通过思维导图形式建构知识，运用技能进行学习。学生在整合了语篇的语境中学习，有如在一个具体活动环境中了解一项工作，在这个语境中，学生领会语言，掌握语言内涵，学习能力在运用语言中提升。写作作为语言的输出部分，由于学生已经掌握传统文化语境的篇章结构，所以输出关于传统文化语境的篇章就水到渠成。

下面是一个整合教材创设语境的教学实例。

Step 1 Revision

Tell the main ideas of each paragraph

Paragraph 1：Describe Mr. Chen.

Paragraph 2：Describe Mr. Chen's work and the tools needed for his work.

Paragraph 3：Give your opinion about Mr. Chen and his skill.

在Step1中学生阅读Unit 3 的Writing，完成上面的教学任务，Writing全文只有三段,篇章比较简单,学生在阅读后总结出每段的大意,这样学生才能在阅读中总体了解文章篇章结构:介绍传统技能的人——传统技能——作者评价,为学生建构了关于传统文化技能语境中的文章结构。

Step 2 Task 1 Main idea

Match the main idea of each paragraph.(图1-2)

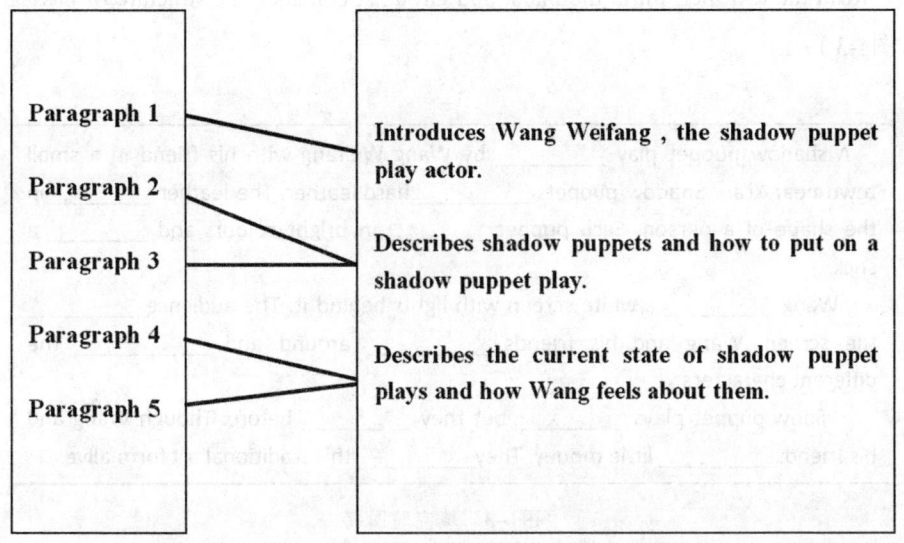

图1-2 每段的主题思想图

这个学习任务是让学生阅读Unit3 More practice,这篇文章有五段,相对导入的复习难度提升了,教师通过图片引出本节课的教学重点"Shadow Puppet Play",指导学生根据所复习的篇章,阅读More practice,同时判断每段的段意。学生在分析同样的语境中,了解不同传统文化技能的结构,为进一步学习再次建构脚手架。

Step 3 Task 2 Detailed reading

Answer the questions according to the text.

(1) Why can the audience not see Wang and his friends?

(2) What are shadow puppets made of?

(3) During a shadow puppet play, where does Wang stand?

(4) Who does the voices of the different characters?

(5) Why do Wang and his friends put on a shadow puppet play?

Step 3 的任务是让学生认真阅读文章，回答问题，具体了解"Shadow Puppet Play"这一语境中的句式、短语，通过群文阅读，根据同一语境选择一组文章，学生在反复阅读中接触同一主题语境的语言知识，从而习得所学语言，目的是让学生在已有的框架中储备一定的词汇和语法语言知识。

Step 4 Task 3 Conclusion

Read the text then fill in the blank and Group A conclude the structure of passage .（图1-3）

A shadow puppet play _____ by Wang Weifang with his friend in a small town near Xi'an. Shadow puppets _____ hard leather. The leather _____ in the shape of a person. Each puppet _____ in bright colours and _____ a stick.

Wang _____ a white screen with lights behind it. The audience _____ the screen. Wang and his friends _____ around and _____ the different characters.

Show puppet plays _____ but they _____ before. Though Wang and his friends _____ little money. They _____ this traditional art form alive.

图1-3 填空题图

Paragraph 1：Describe the person.

Paragraph 2：Describe the person's work and the tools needed for his/her work.

Paragraph 3：Give your opinion about the person and his/her skill.

Step 4 的任务是检测学生在理解框架基础上，对于框架下词汇和语法知识的运用。这里进行分层设计任务，学生仔细阅读，完成短文，尖子生不准看文章，训练学生运用语境中语言知识的能力；潜能生一边阅读一边完成文章，掌握句子和短语。通过小组合作，学生总结出关于传统文化技能文章的结构，同时掌握框架下描写传统文化技能的语言知识。

Step 5 Writing

Write a passage according to the following.（图1-4）

> 假如你是学校剪纸社的成员，你想向来校参观的外国来宾介绍指导老师
> 钟老师，以下是介绍要点：
> （1）钟老师50多岁，但是很健康，喜欢剪纸。
> （2）钟老师能剪出各种形状，如人物、动物、花盒（代表健康吉祥的汉字）。
> 去年，她举办过展览，作品很受欢迎，人们认为很美，能带来好运。
> （3）你的评价。
> 要求：语言通顺，意思连贯，表达完整。

图1-4　短文的要求

Step 5是一个习得所学语言输出任务的教学目标，训练学生运用总结出的文章结构，完成写作。学习过程，先以小组合作形式，谈论钟老师的技能，选派两位学生进行展示，然后要求学生单独完成文章，小组互改，展示文章，进行评价。

在教学中，根据语境整合教材方法多样，如统一单元整合、跨单元整合和教材与教辅资源整合等。灵活运用教材中的材料，教材中的Writing材料可以用于训练学生阅读，More practice可以用于训练学生写作，教材和教辅可以用于提供学生学习的资源，学生能在语境中领会语言的特色，掌握语境中语篇的结构，教师在语境中发展学生语言素养。

第三节　语境建构教学模式

核心素养最终需要落实到教学中，课堂是演练阵地，课后是拓展发展，课堂是师生互动、生生交流的场地，课堂作为教学阵地应如何有效地进行教学呢？教师利用现有教材，在课堂教学中以语篇为基础，在教学过程以语境为中心，在课堂的教学过程中帮助学生以知识和技能为基础，构建知识体系，引导学生总结语篇结构，提高归纳综合运用英语的能力。教学的目的是为了让学生理解各种语境中不同语篇的交际功能，懂得语言形式在社会交际的语境中的行

使功能,在不同的语境进行交际活动,根据语境写出规范的文章,解决部分学生的读写问题,在写作时受中文含义思维影响,表达出的英语不适合具体语境。

在常态课堂中,教师总结归纳教材中的语境,根据语境进行教学设计,以下为几种常见的教学模式:

课文教学模式:导学—领悟—分析—积累—运用。

活动教学模式:任务—活动—交流—展示—评价。

阅读教学模式:导读—选读—研读—评读—展示。

同时针对不同层次的学生,形成分层教学要求,根据学生英语情况,教师训练学生学习能力,增强学生学习的信心,提高学生学习思维能力,分层具体做法如下:

尖子生:感受语境—提出问题—自主运用—拓展学习。

学习困难生:感受语境—参与操练—自主练习。

基于语境的英语课程模式(表1-1)使语言在语境中产生,将语境纳入英语教学过程,以围绕语境读写为例,学生通过读写能力和语境结合,学生掌握不同语境所采用的学习模式,输出不同语境中正确的表达方式。在这一教学过程中,发展学生的意义潜势,使学生成为讲英语的人、会运用英语的人,学生掌握语言表达能力,学会运用所学的语言知识。

表1–1 基于语境英语课程模式

教学步骤	任务
Motivation	引出学习语境中的语境
Presentation	呈现学习内容
Reading	学生阅读,完成阅读任务
Conclusion	学生总结所阅读文章的模式和结构等
Writing	根据语境进行写作
Sharing & improving	学生分享、提高能力

这里,我们以英语九年级上Unit 4 More practice为课例进行进一步的说明。Unit 4是关于problem and advice的语境,这个课例的语篇教材讲的是Aunt Linda帮助Reading中四位学生解决遇到的困难,给予建议。教学内容是关于给学生建

议的语境，More practice是一节单元综合运用的课，这节课采用听说课型，教学目标是培养学生在已经输入的语言知识基础上，通过听说使学生输出知识，提高学生听说能力，归纳知识，提升由口头输出到笔头输出的能力。

教学过程根据教学设计的理论、教学对象情况、教学内容，教学的重难点等总共分为五个任务：

Step 1 Revision的任务：课程导入，以旧带新，创设语境。

本单元的Reading中四个学生遇到不同的问题并给Aunt Linda写了求助信，指导学生回忆Reading语篇中学生出现的问题，帮助学生学会发现问题，然后引出本节课的语境Aunt Linda 的回信，猜测Aunt Linda可能回答。

Discussion：What are the students' problems？What's your advice？

Step 2 Listening &Speaking的任务：利用听说，输入语境。

本课的教学内容是More Practice板块，这个板块目的是帮助学生将本单元的核心内容扩展到新场景中，用于培养学生的跨文化意识，培养学生的听说、读、写等综合语言运用能力。把这个板块的教材内容改编成听说素材，旨在通过听说训练，提升学生听说技能的基础上，形成解决问题的策略。

听录音，根据要求回答下列内容：

第一节 听选信息

听一段话，回答第①②两个问题。

① Who should Anna's friend Jolin go to see?

She should go to see（ a teacher/ a model/ a doctor ）.

② What should Peter do next time in the same situation?

She should （ help the lady/ laugh at the lady/ listen to the lady ）.

第二节 回答问题

听一段话，回答第③④两个问题。

③ What must Simon do to stop his friends laughing at him ?

He must stop_____.

④ What will Simon have in a few months' time if he keeps wearing braces?

He will have_____.

第三节 信息转述及询问（图1–5）

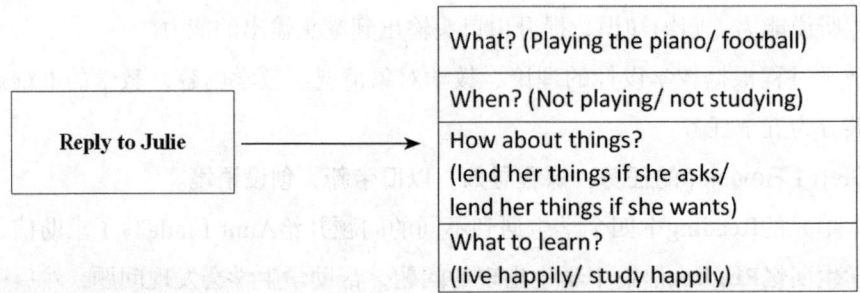

图1-5 听录音回答问题

I am Julie，I will talk to my sister...

（1）你现在喜欢和你妹妹住在一起吗？

（2）你是怎样和妹妹交谈的？

Step 3 Practice的任务：学生讨论，总结语境。

学生在Step 2语境输入的基础上，在这个任务中学会合作，探讨问题，根据教材中语篇的内容总结并帮助解决语境的句式、语篇的结构等问题。

阅读教材P61，讨论Aunt Linda 的建议（表1-2）

表1–2 Aunt Linda 的建议

	To Anna	To Peter	To Simon	To Julie
Aunt Linda's suggestions				

Step 4 Improving Learning的任务：语篇操练，反馈语境。

在这个任务中，设计两篇文章，一篇是求助，另外一篇是帮助别人解决问题，采用群文阅读的形式，拓展学生在语篇中学习发现问题和解决问题语境的能力，同时进一步强化这种语境的语篇结构，本次任务重点强化学生阅读能力，训练学生对文章理解时采用了中考新题型阅读填空，这个任务可用于训练学生读后续写。

阅读求助邮件，根据求助邮件完成答复，将A～E正确填到文章中。

（1）求助。

21 November

Dear Aunt Linda,

I'm a Grade 9 student. I have a lot of projects to do this year, so I go out a lot. Sometimes I don't get home until very late. Also, I get a lot of phone calls from my classmates when we're planning our projects. However, my father thinks I'm just going out and having fun. He has scolded（责怪）me many times for coming home late. I try to tell him it's because of all the work I have, but he doesn't seem to believe me. He's said that he'll reduce my pocket money if I don't come home earlier.

What should I do?

Tommy Walker

（2）帮助。

A. save your money.

B. Talk to your father and try to get his support.

C. do fewer after-school projects.

D. help some of the younger students with their homework.

E. call your parents.

25 November

Dear Tommy,

Thank you for writing me this letter.

It is important to organize（安排）your time well. It seems that you take part in too many after-school projects. In my opinion, you'd better _____1_____. If you must do them after school, you should _____2_____ and tell them you might get home too late. _____3_____. I'm sure he will understand you if he knows you are doing school work. You can also show him the work you do to make him believe.

11

As for your pocket money, you can _____4_____ to get some extra money. You could also get a part-time job during holidays. And you need to remember to _____5_____ .

Best,

Aunt Linda

Step 5 Homework 的任务：写作输出，实践语境。

在Step 2 任务中口头作为语境输出的形式，在学习结束之际，再一次强调语境的输出，本次语境输出采用了笔头形式，让学生运用课堂所学，完成一篇解决问题的文章，检测学生对所学语篇句式和语篇结构的运用，同时要求学生总结本单元的收获和问题。

写作：假设Aunt Linda，收到Tom的邮件，他担心下周的考试很困难，不想考试不及格，请你给他写邮件，建议他：

（1）好好复习。

（2）放松，不要紧张。

（3）不要太注重成绩。

（4）你的两点其他建议。

Dear Tom,

Thank you for writing me this e-mail.

_____

_____

_____

_____

语境为学生创设了更多运用英语的机会，学生在课堂通过学习输入了解内容，形成某一语境的框架，学会某一语境的词汇和句式等，学生能主动思考、合作研讨解决问题，同时一起分享成果，采用读后续写、读后续说、听后续写、听后续说、看后续写、看后续说等教学形式，学生合作探究，提升英语学习能力，改变学生的学习方式。

第四节 语境提升思维品质

广州市教育局教学研究室依据教育部制定的《义务教育英语学科课程标准（2011年版）》认为初中英语课程改革需要研制《广州市义务教育阶段学科学业质量标准英语（7~9年级）》，其中提出：以促进学生学科素养提高作为广州教学领域进一步深化素质教育专项活动的工作和重要抓手。学生学科素养内容包括三方面，其中提到在学习学科知识技能过程中形成的基本体验、认知积累与基本情意等构成的学生生活经验和在生活经验基础上通过对学科知识技能的内化形成的学习能力、钻研精神、创新意识等思维品质，思维品质是学科素养的最高层次表现，对学生终身发展具有至关的重要意义。

2016年广州市教育质量阳光评价测试，九年级非学业测试总体情况见表1-3。

表1-3 九年级学生非学业测试总体情况表

测试大项	测试分项	地区		
		全市	本区	本校
兴趣特长潜能	本评价内容	3.88	3.88	3.83
	审美修养	3.79	3.8	3.77
	爱好特长	3.89	3.86	3.8
	实践能力	3.76	3.76	3.71
	创新意识	4.08	4.08	4.02
学业发展水平	本评价内容	3.94	3.99	3.93
	学会学习	3.92	3.97	3.89
	科技与人文素养	4.1	4.12	4.04
	知识技能方法	3.57	3.7	3.81

续表

测试大项	测试分项	地区		
		全市	本区	本校
身心发展水平	本评价内容	4.1	4.13	4.07
	心理健康	4.19	4.2	4.12
	自我管理	3.92	3.95	3.88
	身体健康	4.39	4.56	4.71

通过对九年级学生非学业测试总体情况表的数据进行分析，兴趣特长潜能、学业发展水平和身心发展水平得分基本上低于市区得分。在现代社会，健康自我的形成与发展、学习的能力与动机、创造性等是决定个体核心竞争力的主要方面。北京大学教育学院陈学飞教授认为："教育实际上核心的东西是激发学生的兴趣，让他保持不断求知的欲望。如果人一辈子有这种欲望和能力的话，他真的会不断地长进。"教育部教育发展研究中心副主任韩民为认为："掌握这种学习的能力，不断地学习，这是一个非常关键的能力。"

基于语境教学课题研究，我们课题成员将自己任教的教学行政班设置为实验班和对照班。在实验班，英语语言习得在语境中进行，学生在语境中进行读、写、听、说等教学；在对照班，教学根据教材顺序进行常规教学。实验班引导学生在语境中进行阅读、写作和拓展，形成由总到点再到总的阅读模式，在语篇中整理语境；在语境中找到语篇的结构进行构思，学生结合语境整理知识，进行交流和运用。最终的对比指标：①学生英语读写的兴趣；②学生用英语读写的能力与信心；③学生阅读理解和写作成绩；④学生最终的英语成效。对比教学后的数据见表1-4。

表1-4 对英语读写的兴趣［初三（6）班和初三（5）班］

实验前后 项目	实验前（40人）				实验一年后（40人）			
程度	很感兴趣	比较感兴趣	一般感兴趣	不感兴趣	很感兴趣	比较感兴趣	一般感兴趣	不感兴趣
人数	8	9	9	14	16	14	5	5
百分比	20%	22.5%	22.5%	35%	40%	35%	12.5%	12.5%

由表1-4可以看到，由于实验班使用语境教学，学生在真实的语境中体验学习，所以实验班学生的英语写作兴趣明显增强了。

表1-5　初三英语期末检测书面表达成绩对比数据表

班级（组别）	英语期末检测书面表达成绩统计表（总分15分）					
	参加人数	成绩大于等于9分的人数	成绩大于等于12分的人数	最高分	最低分	平均分
初三（6）班（实验组）	40	28	20	15	2	11.7
初三（5）班（对照组）	40	21	16	14	0	9.2

从表1-5可以看出，实验班的学生在水平检测中没有出现不写作文的现象，并在书面表达这题取得较好成绩，实验班的平均分接近优分，成绩明显比对照班好。

表1-6　初三英语检测阅读理解成绩对比数据表

班级（组别）	英语期末检测阅读理解成绩统计表（总分40分）					
	参加人数	成绩大于等于24分的人数	成绩大于等于32分的人数	最高分	最低分	平均分
初三（6）班（实验组）	40	29	20	40	12	29.3
初三（5）班（对照组）	40	23	16	38	4	25

从表1-6可以看出，实验班的学生在水平检测中能掌握并正确运用英语阅读技巧与策略，中等生及中等偏差生在水平检测中取得较大进步。

表1-7　初三（8）班实验前后成绩数据对比

项目 实验前后	英语学科班级平均分占级平百分比	英语学科成绩合格人数	英语学科成绩优分人数
实验前	87.01%	18	2
实验后	99.12%	32	21

从表1-7可以看出，同一个班在实验前和实验后，学生的自主学习意识和英语学习能力明显增强，促进了课堂学习模式的转变，解题能力得到较大提高。在测试中能有意识、有策略地使用相应的解题方法和技巧，激发学生学习英语的热情和信心，提高了学习的成绩。

在实验过程中，由实验班和对比班来看，实验班的学生对英语阅读和写作的兴趣提高了，学习信心增强了，学习方式得到一定改善。

由此可见，教师在使用同样教材的情况下，设计出不同的教学语境中的学习目标和要求，激发学生学习兴趣和自信心，学生有兴趣参与在主题语境中进行阅读和写作等学习，利用语境进行的英语教学提高了学生实际运用英语的能力，促进学生自主学习英语，提升了学生的思维品质素养，为学生的终身发展打下基础。

教材是培育学生核心素养的基础，教师有效利用教材创设语境，培养学生的语言素养，学生在语境中有效运用口语和书面语形式交流，提升阅读和写作等能力，为掌握好一门外语打下基础；发展学生学习素养，学生在语境中学会学习，掌握学习技能，提高学习能力；培养学生思维品质素养，培养学生良好学习意识，促进学生学习兴趣的形成。学生在语境中合作学习，建构语言，运用语言，形成积极的学习态度和动机，采用有效的学习方式，在学习中积极主动、克服困难。最终使学生成为具有良好学习意识、学习能力和学习习惯的未来人才；善于发现和解决问题，具有探索和批判精神，把所学知识应用于生活和实践，创造性地解决问题，成为全面发展的人。

第二章
语篇框架理论教学

第一节　语篇框架理论和阅读素养思考

初中毕业生英语学业考试（下文简称"中考英语"）是义务教育阶段的终结性考试，其目的是全面、标准地反映毕业生在完成初中阶段英语课程后能达到的综合运用英语的能力水平。全卷材料以语篇的形式体现学科核心素养，同时有目的性地考查学生的阅读素养。国际阅读素养进展研究项目（Progress in International Reading Literacy Study，简称PIRLS）认为：阅读素养是一个国家社会和经济发展的根本，是阅读者理解和运用社会需要的或个人认为有价值的书面语言形式的能力。《普通高中英语课程标准（2017年版）》（以下简称高中英语课程标准）指出："英语课程内容是发展学生英语学科核心素养的基础，从主题语境、语篇类型、语言知识、文化知识、语言技能和学习策略六个要素体现。"从高中课程标准语篇知识内容要求（表2-1）可见文章阅读和语篇理解的重要性。对于作为课堂教学主体的教师来说，在教学过程中采用语篇模式教学不失为一种有效的教学方法。教师通过挖掘中考英语试题的语篇框架，结合广州牛津版初中英语教材，在教学中运用语篇模式培养学生阅读素养，为探究学生英语阅读素养提升提供一定的思路和方向。

表2-1　高中英语课程标准语篇知识内容要求

课程类别	语篇知识内容要求
必修	（1）记叙文和说明文语篇的主要写作目的（如再现经历、传递信息、说明事实、想象创作）以及这类语篇的主要语篇结构特征（如该类语篇的必要组成部分和可选组成部分、各组成部分）。 （2）日常生活中常见应用文的基本格式、结构及语言特点。 （3）新闻报道的常见语篇结构、标题特征和语言特点。 （4）语篇中的显性衔接和连贯手段，如通过使用代词、连接词、省略句、替代等手段来实现的指代、连接、省略、替代等衔接关系。 （5）语篇中段首句、主题句、过渡句的作用、位置及行文特征。 （6）语境在语篇理解和语篇产出过程中的作用；语境与语篇结构、语篇内容的关系，如通过语境预测语篇内容，通过语篇的内容推测语篇发生的语境。

一、框架的含义

框架的概念源自土木工程中的一种基本的结构形式，对于这个结构形式，工程师可以通过一定的形式改变和多样化的组合解决复杂的建筑结构问题。延伸到语言学中，框架是一种语言结构，也是一种认知结构。它是人们的生活经验在记忆中形成情景或场景结构化的知识，这些知识作为一个固定的情景存储在大脑中。

马文·明斯基（Marvin Lee Minsky）提出了框架理论（Framing Theory），他认为框架理论实际上是知识再现的一种方式。在面对新的语言理解过程中，人们通过激活已有框架，构建一个新的概念结构来解读某些言语或言语行为。框架是人对世界模式的认识，是人的内化知识的一部分。在语篇框架中，词汇、语法构建了整个框架体系，具体所包含的信息见表2-2。

表2-2　马文·明斯基的框架体系信息表

框架元素	框架内容	说明
实体	人物	参与者，即人的因素
	事物	人所操作、处理的对象
事件	动作	参与者的动作、行为
	状态	参与者、物品等所处的状态，包含状态的延续或变化
时间	时间	发生的时间

续表

框架元素	框架内容	说明
空间	内空间	在语篇所明示的空间
	外空间	事件所发生的大空间背景,在语篇中没有说明
关系	因果关系	相关事件的关系
	意向性	说话人的视角、目的

语篇是表达意义的语言单位,包括口头语篇和书面语篇。语篇框架在中考英语试题和教材中都有相似的呈现。

二、试题框架和教材框架对比

中考英语试题考查点围绕六要素(主题语境、语篇类型、语言知识、文化知识、语言技能和学习策略)进行,在主题语境下的语篇中考查学生对语言知识、语言技能和学习策略的运用能力。试题框架包含五部分内容,具体如下:

(1)听说题,主要考查学生在真实情景对话中获取主旨要义、关键信息、说话者意图的能力,检测学生记录信息、询问信息、组织文段的语篇能力。

(2)语法填空题,主要考查学生在主题语境语篇中运用语法知识的能力。

(3)完形填空题,主要考查学生的综合运用能力以及根据上下文逻辑关系和意义关系上剖析词语与运用词汇的能力。

(4)阅读理解题,包括两部分:①阅读理解,考查学生在具体语篇语境中通过阅读获取信息、处理信息、转换信息的能力;②阅读填空,考查学生在语篇中运用语法知识和理解语篇的能力。

(5)书面表达题,主要考查学生根据语境形成正确的语篇思维的能力。

广州牛津版初中英语教材按照《义务教育英语课程标准(2011年版)》修订,以模块单元为构架,以话题为主线,以学生为主体,注重学生的心理特点、知识结构和已有经验,旨在让学生在参与和体验学习的过程中提升英语学科核心素养。教材内容框架设计分为九大板块:Getting Ready, Reading, Listening, Grammar, Speaking, Writing, More Practice, Culture Corner, Self-assessment,每个板块有一个Project,且在奇数单元有Study Skill。每个单元为学生学习创设一个主题语境,让学生在主题语境下的语篇框架中学习词汇、语法,提升阅读和写作能力,充分提高听、说、读、写的综合能力。

中考英语试题框架和教材框架的核心理念殊途同归。试题在于检测学生通过英语课程学习而逐步形成的正确价值观、必备品格和英语学科核心素养（语言能力、文化意识、思维品质和学习能力）。英语学科核心素养的落实需要通过课程、课程标准、教材、教学和评价及教育各环节实现。对教材的学习和中考英语试题的完成都需要学生具备阅读素养。篇章的阅读思维品质是十分重要的，它关系到一个人心智发展及逻辑性、批判性、创新性等能力和水平的发展。阅读素养会影响学生自学和探究的能力，关系到通过阅读发现问题、分析问题和解决问题的能力的发展。

三、中考英语试题语篇和教材篇章对比

中考英语试题选材源于教材话题，文本材料和教材篇章对比见表2-3。

表2–3　中考英语试题语篇和广州牛津版初中英语教材篇章对比

2018年中考		2017年中考		语篇类型	相似教材内容	主题语境
主题语境内容	题型	主题语境内容	题型			
个人的职业规划、面试	完形填空	King Robert的经历	完形填空	记叙文	七年级（下）Unit 8 *From hobby to career*	人与自我
基于孩子个人兴趣选择和职业发展	阅读理解	国外教学方式的改革	阅读理解	记叙文	七年级（上）Unit 7 *School clubs* 八年级（上）Unit 5 *Educational exchanges* 八年级（上）Unit 8 *English week* 九年级（下）Unit 2 *Culture shock*	
初一新生Ben在生活和学习中遇到的困难	书面表达	敬老、爱老	语法选择	记叙文	九年级（上）Unit 4 *Problems and advice* 八年级（上）Unit 7 *Memory* 八年级（下）Unit 1 *Helping those in need*	人与社会
音乐家冼星海	语法填空	蒂姆·伯纳斯·李（Tim Berners-Lee）人物介绍	阅读理解	记叙文	九年级（上）Unit 1 *Wise men in history* 九年级（上）Unit 2 *Great minds* 九年级（下）Unit 1 *Great explorations* 八年级（上）Unit 6 *Ancient stories*	

续表

2018年中考		2017年中考		语篇类型	相似教材内容	主题语境
主题语境内容	题型	主题语境内容	题型			
介绍餐馆	阅读理解	介绍英国的图书馆	阅读理解	说明文	八年级（下）Unit 7 *The unknown world* 八年级（下）Unit 8 *Life in the future* 九年级（下）Unit 5 *Sport* 八年级（上）Unit 3 *Computers* 八年级（上）Unit 4 *Inventions*	人与社会
购书网站中关于科学类图书的推介	阅读理解	介绍如何与人在电话中进行沟通	阅读理解			
介绍安东尼奥·梅乌奇（Antonio Meucci）发明电话的事迹	阅读理解	科技发明	书面表达	说明文		
太空垃圾问题和各国将采取的措施	阅读理解	人救宠物狗	阅读理解	记叙文（2017）新闻报道（2018）	七年级（上）Unit 3 *The Earth* 九年级（下）Unit 3 *The environment* 九年级（下）Unit 4 *Natural disaster* 七年级（下）Unit 3 *Our animal friends* 八年级（下）Unit 5 *Save the endangered animals* 八年级（下）Unit 6 *Pet*	人与自然

由表2-3可知，中考英语试题框架和教材内容框架相似，在人与自我、人与社会、人与自然主题语境中，关注学生在具体情境中分析问题、解决问题的能力的表现，引导学生对语篇所反映的文化、情感态度和价值观进行阅读、分析和阐释。

2017年广州中考英语试题语法选择题谈论中国传统的敬老和孝顺，与广州牛津版初中英语八年级（下）Unit 1 *Helping those in need*的主题相近，都是有关人类价值观的；阅读理解讲述了"人救动物"的故事，与广州牛津版初中英语七年级（下）Unit 3 *Our animal friends*、八年级（下）Unit 6 *Pet*的主题相近，都是关于人与动物和谐共处的；阅读理解题介绍了外国的教学方法，与广州牛津版初中英语九年级（下）Unit 2 *Culture shock*的主题相近，都是关于教学改革的；书面表达主要是宣传科技发明，与广州牛津版初中英语八年级（上）Unit 3 *Computers*、八年级（上）Unit 4 *Inventions*、八年级（下）Unit 8 *Life in* the Future的主题相近，都要求学生在特定语境的语篇中运用语言知识，彰显了学科核心素养的内容。另外，阅读语篇也包括其他方面的主题，如"人物"主题，介绍蒂姆·伯纳斯·李在互联网方面的贡献；"世界文化"主题，介绍英国的图书馆类型；"人际交往"主题，介绍如何与人在电话中进行有效沟通；等等。相关的主题语境都能在教材中找到类似的语篇。

2018年广州中考英语试题语法选择题介绍了著名音乐家冼星海的事迹，与广州牛津版初中《英语》九年级（上）Unit 1 *Wise Men in History*、九年级（上）Unit 2 *Great Minds*、九年级（下）Unit 1 *Great Explorations*的主题相似，都是关于人物介绍的；阅读理解题谈论了"基于孩子个人兴趣选择和职业发展"，与广州牛津版初中《英语》七年级（下）Unit 8 *From Hobby to Career*的主题相似，都是关于学生生涯规划的；完形填空题谈论了人际沟通和感恩教育，是关于树立正确的价值观的；阅读理解题描述了餐馆的起源和世界历史发展以及环保问题，讨论各国针对太空垃圾问题将采取的措施，是关于世界文化的。另外，智慧阅读也有所涉及，如在购书网站推介科学类图书；阅读理解题主要介绍了电话的发明过程，是关于"科技"的；书面表达题要求学生写一篇英文回信，解决初一新生在生活和学习中遇到的难题，是关于"心理"的。关于以上主题语境，可以在教材中找到对应的语篇。

教材与中考英语试题主题的对应性强有力地说明了教材语篇的主题覆盖范围广且精准。从教材出发，以语篇的主题为准，在课堂上基于课文及单元主题进行针对性教学，不仅能拓宽学生的知识面，而且有利于提高学生发现问题并解决问题的能力。

第二节 语篇框架模式构建学生阅读思维能力

由框架理论的概念和内涵，对比、分析中考英语试题框架和广州牛津版初中英语教材框架，发现两者的核心理念殊途同归，都重视对学生阅读素养的培养。从人与自我、人与社会、人与自然主题语境着手，分析2017年和2018年广州中考英语试题语篇和广州牛津版初中英语教材篇章，我们可以通过挖掘试题语篇和教材语篇框架建构的区别，探究基于语篇教学，培养初中学生英语阅读素养的方法，根据表2-1中对语篇知识的描述中，提到语篇有显性衔接和连贯手段，如通过使用代词、连接词、省略句、替代等手段来实现指代、连接、省略、替代等衔接关系；同时发掘语篇中段首句、主题句、过渡句的作用、位置及行文特征等，我们在语篇教学中尝试三种模式："问题—解决"模式、"一般—特殊"模式、"衔接—连贯"问题。

一、"问题—解决"模式

现实的语言应用中存在了多种语篇组织模式，其中，"问题—解决"模式一般由情境、问题、反应、评价或结果四个部分组成（图2-1）。情境是指提示语篇的语境或主题。反应是指解决问题的办法。评价或结果有三种情况：一是先肯定评价，再提供"依据、理由"；二是先肯定结果，再提出肯定评价；三是肯定结果和评价结合在一个表述中。

图2-1 "问题—解决"模式

以2018年广州中考英语试题中关于"基于孩子个人兴趣选择和职业发展"（见下文"基于孩子个人兴趣选择和职业发展"）的语篇和广州牛津版初中英语七年级（下）Unit 8 Reading *My lifetime hobby—studying stars* 文章为例。

（"基于孩子个人兴趣选择和职业发展"）For his eleventh birthday, Lin was given a gift that would shape his life. On that day his father took him to the Children's Activity Centre and said he could choose any course that interested him.

There was just one requirement: Lin would have to promise to study it for at least one year.

To that point Lin had many hobbies, but none kept his interest for more than a week or two. His mum once gave him a bag of stamps to encourage stamp collecting. That hobby lasted a week. Then his father got him some paints hoping that Lin's artistic side would shine through. Those paints were now under his bed, still unopened. This time Lin's parents would let him decide.

Lin's eyes moved down the notice board that listed all the courses on offer. He stopped at "Photography". He liked the idea of taking beautiful pictures but the notice said that each student needed their own camera. Although Lin's family weren't poor, they weren't rich either, and a camera cost a lot of money. He continued looking.

The next course to catch his eye was "Language Art". He didn't even know what that meant. His father explained that it taught people how to make public speeches. Lin, a shy boy, could think of nothing worse.

Then he saw it. "Cooking" sounded like something he'd like to do. It was inexpensive and convenient, it could be done alone and it was also creative.

Based on Lin's hobby history, his dad had doubts, but he agreed. Much to his parents' surprise, Lin kept his promise. He studied cooking at the Centre every Saturday, and practised at home, making delicious meals for his family. Everyone looked forward to birthdays, when they could eat his cakes. Lin got great satisfaction from the pleasure his food brought to others.

The months turned to years but his hobby never changed again.

Now Lin is an adult and runs a successful restaurant. When customers say they enjoy his meal, he still gets the same pleasure he did as a child, and remembers the special gift he received all those years ago.（摘自2018年广州市初中毕业生学业考试年报）

关于"基于孩子个人兴趣选择和职业发展"的问题—解决模式分析如下：

情境：For his eleventh birthday, Lin was given a gift that would shape his life.

问题：To that point Lin had many hobbies, but none kept his interest for more than a week or two.

这个问题有三种反应：①"Photography". He liked the idea of taking beautiful pictures but the notice said that each student needed their own camera. Although Lin's family weren't poor, they weren't rich either, ②The next course to catch his eye was "Language Art". He didn't even know what that meant." ③"Cooking" sounded like something he'd like to do.

结果：他选择了Cooking，事业有成——"Now Lin is an adult and runs a successful restaurant."

广州牛津版英语七年级（下）Unit 8 Reading *My lifetime hobby—studying stars*中，一样的主题语境，同样用了在"问题—解决"模式：

情境：When I was eight, I got a book about stars. That was the beginning of my lifetime hobby.

问题：I used to look at the sky. We saw different groups of stars.

反应：Studying the stars was great fun for me. I host a TV programme.

结果：You can turn your hobby into your career too. Anybody can achieve their dreams.

2018年中考的结构和教材相比较，更为复杂，这是课程的编写者关注到学生发展的规律。初一教材里篇章的内容和结构相对简单，因为和初三学生相比，他们思维空间和宽度和广度尚有不足，但是与初三备考中考的思路相似，初一年级英语教学时也是运用"问题—解决"模式进行篇章剖析和组织。在语境中构建的语篇，若读者已熟悉其框架，其语言、语法、结构都是带有较强的指向性，为语篇的接受者处理相关的信息提供了指导。语篇的意义的构建是一个逐步构建模型框架空间的过程，整合文本知识，形成一个意义的语篇模块，以便进一步处理信息。

二、"一般—特殊"模式

"一般—特殊"模式结构（图2-2）由三部分组成：概括陈述、具体陈述和总结陈述。在语篇中具体表现为两种模式：一是先概括后举例，概括陈述阐述主题来统领整个语篇，然后具体陈述对概括陈述进行举例论证；二是先整体后细节，概括陈述给出总体轮廓来统领整个语篇，然后具体陈述对概括陈述进行细节论证。

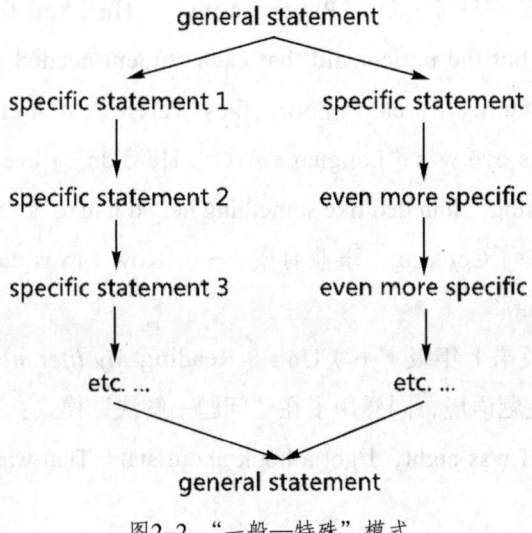

图2-2 "一般—特殊"模式

第一句是整个语篇的概括陈述，提出了中心主题；接着用不同的例证来支持陈述所提出的主题；最后一句是总陈述，回应主题。

2018年广州中考英语试题中关于冼星海的语篇（见下文"关于冼星海的语篇"）和广州牛津版初中英语九年级（下）Unit 1 Reading *The voyages of Zheng He*文章都是人物传记，分别在文章第一段概括陈述冼星海、郑和的职业，在第二、三段具体陈述冼星海、郑和的经历，在第四段总结陈述冼星海、郑和的成就。两篇文章在篇章结构上以年份信息为导线，讲述了主人公在各个人生阶段的经历。具体对比见表2-4。

（关于冼星海的语篇）Xian Xinghai was a very famous musician in China. He wrote one of the greatest pieces of music of the 20th century. In his short life he wrote 1 300 songs and an opera.

Xian was born in Panyu, Guangdong, China in 1905. Because his father died before he was born, Xian moved from place to place with __2__ mother. He began learning to play __3__ violin when he was 20 years old. In the beginning, his violin was __4__ cheap and badly made that he __5__ not play it well. His friends laughed at him. Xian did not stop __6__ and soon showed his talent. In 1934, he was one of the first Chinese students __7__ studied in a special music school in Paris. Before he _____8_____ ,

Xian became the school's best student ___9___ won several prizes for his talents.

In 1935, he returned to China and helped fight against the Japanese army. Later, he came to Yan'an ___10___ music at a college. ___11___ there were no pianos in Yan'an at that time Xian still wrote ___12___ of his most important music there, including The Yellow River, his most famous work.

In May 1940, Xian ___13___ to the Soviet Union by the Chinese Communist Party to write music for movies. In the Soviet Union, life was very ___14___. Xian got sick and later died of a lung illness ___15___ October 30, 1945, aged only 40. Xian's music, however, lives on in the people's hearts. （摘自2018年广州市初中毕业生学业考试年报）

表2-4 "一般—特殊"语篇模式关于冼星海与郑和对比

内容	冼星海	郑和
概括陈述	Xian Xinghai was a very famous musician in China.	Zheng He was a famous Chinese explorer.
具体陈述	（1）Xian was born in Panyu, Guangdong, China in 1905. （2）He began learning to play the violin when he was 20 years old. （3）In 1934, He studied in a special music school in Paris. （4）In 1935, he returned to China and wrote some famous songs.	（1）Zheng He born in Yunnan in 1371. （2）The emperor ordered Zheng he to visit and explore the lands outside China. （3）In a few years, he built a great fleet of ships. （4）From 1405 to 1433, Zheng He went on seven trips.
总结陈述	Xian's music lives on in the people's hearts.	His voyages were such a huge achievement that people still remember him as a pioneer in opening up cultural contacts between different peoples around the world.

在教学*The voyages of Zheng He*这篇文章时，课堂让学生讨论以下三个问题：

（1）Who is Zheng He?

（2）What special experience did Zheng He have?

（3）What was his achievement?

通过以上三个问题带领学生总结课文，帮助他们梳理语篇模式。学生在阅读的基础上学会了分析问题和解决问题。然后，让学生把文章中的画线词（见下文）改写成一篇语法填空题，以检测学生在语篇中对语言知识的理解能力，同时引导学生关注人物传记主题语境篇章中上下文的连贯问题。

Zheng He was a famous Chinese explorer. In 1405, he set off from China on the first of seven great voyages. This was <u>nearly</u> a century before Christopher Columbus first set sail on his journey of discovery to America. His travels were <u>so</u> important that they are still studied today.

Zheng He was born in Yunnan in 1371. He rose to become a trusted official of the Yongle Emperor of the Ming Dynasty. The emperor <u>ordered</u> Zheng he to visit and explore the lands outside China. <u>His</u> task was to develop relations and set up trade routes with foreign countries. In a few years, he built a great fleet of ships, <u>the</u> biggest in the world at that time. The ships <u>were known</u> treasure ships. They were big enough <u>to carry</u> 25000 people as well as very large quantities of goods.

<u>From</u> 1405 to 1433, Zheng He went on seven trips and visited South-East Asia, the Middle East <u>and</u> even the east coast of Africa. It seemed that nowhere was too far for him to visit. These voyages allowed China to trade valuable goods like gold, silver and silk. At the end of <u>each</u> voyage, Zheng He returned with many things <u>that</u> were seen in China for the first time, such as a giraffe from Africa. Besides <u>developing</u> trade, the voyages also encourage the exchange of cultures and technologies. They helped the development of <u>those</u> countries and regions.

Zheng He died in 1433 during his last voyage. However, his voyages were such a <u>huge</u> achievement that people still remember him as a pioneer in opening up cultural contacts between different peoples around the world. （摘自教材九年级下Unit 1 Reading *The Voyages of Zheng He*）

这样，当学生遇到类似关于冼星海的语法填空题时，就能根据课本所学知识分析语篇中的具体语言知识，创造性地完成任务。

三、"衔接—连贯"问题

在阅读过程中，学生要关注语言知识的使用，学习语篇是如何构成的、如何表达意义的，还要明确语篇各要素之间复杂的关系，如句与句、段与段、标题与正文、文字与图表之间的关系等，句子内部的语法结构、词语搭配、指代关系、句子的信息展开等。语篇的衔接和连贯使用能使语篇结构逻辑更加清晰，内容更有条理。

衔接是语言系统的一部分，体现语篇的语言成分之间的语义关系。韩礼德（Halliday）和哈桑（Hasan）把衔接分为照应、替代、省略、连接和词汇衔接五部分。衔接关系主要是通过词汇、语法来表达的。

连贯是语篇的组成成分相互影响和互相关联的方式。博格兰（Beaugrand）和德雷斯勒（Dressler）认为，语篇是表层语篇的语义网络，由概念和关系组成。概念是大脑中回想或激活具有统一性与一致性的知识构型，而关系则是在一个语篇中同时出现的概念之间的联系，包含原因、使能、理由、目的四种关系。

指示词（Reference）是语篇中使用最广泛、频率最高的一个类别，包括人称指示语、方位指示语、比较指示语等。指示词是指在具体的语境中指向一个确定的实体。指示词在文本语境（上下文）和现实语境中的指向有衔接和连贯作用。指示代词在上下文中的使用是语篇语义处理上一个极为重要且非常困难的问题。

2018年广州中考英语试题中关于"太空垃圾问题和各国将采取的措施"的语篇中的第36题"these"，指示词。

According to BBC News, there are more than 22000 pieces of space junk floating around the earth. And these are just the things that we can see from the surface of the earth by telescopes（望远镜）. There are also millions of smaller pieces of junk that we can't see.

36. What does the underlined word "these" in Paragraph 2 refer to?

A. Telescopes.

B. Satellites.

C. Pieces of space junk.

D. BBC news reports.

2017年广州中考英语试题中"介绍蒂姆·伯纳斯·李在互联网方面的贡献"的语篇中的第32题"it",指示词。

Tim started working on early computers. At that time, they were much bigger than now. He worked in England then Switzerland. Tim was really interested in two things, computers and how the brain works. How could the brain connect so many facts so quickly? He had to work with people all over the world. They shared information about computers. It was hard to manage all the information. He answered the same questions again and again. It took a lot of time. It was even difficult for computers in the same office in Switzerland to share information. Tim also forgot things easily. Could a computer work like a brain? Could it "talk" to other computers? (摘自2018年广州市中考英语试题)

32. The underlined word "It" in Paragraph 3 refers to "_____".

A. Working on early computers

B. Connecting different facts together

C. Travelling to the office in Switzerland

D. Repeating the answers to the same questions

教师可以运用教材中的相关材料训练学生。在讲授广州牛津版初中英语九年级(下) Unit 4 Reading *The great flood*时,专门设计了关于语法it的训练题,帮助学生了解代词it在语篇结构中所起的作用。如下:

It(1)started to worry me. ... It(2)was nine o'clock in the morning. Water was everywhere. It(3)covered roads, parks and small houses.

... Kevin, my boss has given me some work, It's(4)important to stick with it(5). I can't afford to sit around and worry about the flood…

I shouted. … in offices and houses, people just sat and started at their computer screen, It(6)seemed that they did not want to leave...

Very soon, the water came into people's rooms. It(7)poured onto their desks and covered their computers. In surprise, people finally started to notice the flood, but it(8)was too late. (摘自教材九年级下 Unit 4 Reading *The great flood*)

通过广州中考英语试题语篇框架和教材主题语境语篇框架的对比,论证了义务教育（初中）阶段英语学科中语篇学习的重要性。通过运用语篇模式和教授语篇知识，能引导学生在阅读过程中关注语篇结构和框架特征，帮助他们把握主题语境中文章的脉络，从而构建阅读同类语境语篇的语篇框架，进而提升阅读素养，提高阅读能力和阅读效果。

第三章
语言能力在语篇语境中培育

第一节　语篇中运用语言知识

在英语教学中，发展学生英语学科核心素养的基础需要在英语课程内容中进行训练，课程从主题语境、语解类型、语言知识、文化知识、语言技能和学习策略六个要素体现，其中，语言知识包括语音、词汇、语法、语篇和语用知识。广州市新一轮的英语教学改革在2016年英语高中阶段学业水平考试的英语学科考试中再次体现，英语考试听力和口语合为听说考试，分值为40分，占总分150分的26.7%。取消了语法的单项选择题，语法题在语篇中出现，阅读增加了阅读填空题，所有的英语试题都在语境中以篇章形式出现，每个语篇指向一个话题，语篇中体现一个语境。从考试题型变化可以看到，学生对于语音、词汇和语法知识的学习需要在有语境的语篇中掌握，学习语言知识的目的是发展语言运用能力。教师需要特别注意语境的创设，关注语言知识的表意功能。

在教学中，我们存在疑惑，学生在做单项选择题，即使题目包含初中所学的语法知识，如时态、形容词等，学生答对率高，基础好的学生答错率低，基础差的学生也很有兴趣完成单项选择题，例如，同一个语言知识点"enjoy"，学生基本都会使用"enjoy doing"或"enjoy oneself"，但是当这个语言点出现在语篇的语法填空中,学生就迷茫,不知道如何使用。

英语课程标准对语音、词汇和语法知识等提出了具体的要求,尤其强调在语用方面的要求。语言知识作为文化的载体和思维的工具,我们要重视对真实情境的创设,引导学生学会在具体语境中选择有用的语言形式进行交流。在语言教学中,教师要把文化知识的教学融入语言学习之中,将文化知识内化为正确价值取向的认知、行为和品格,最终达到育人目的。我们要改变碎片化的、脱离语境教授知识点的教学方式,让学生在真实语境中运用所学知识、理解意义、表达个人观点,语言能力的提高应与思维品质的发展和文化意识的形成同时在英语教学中形成,达成英语课程中要求"英语课程是为了培养学生基本英语素养和发展学生思维能力的任务,让学生通过英语课程掌握基本的英语语言知识,发展基本的英语听、说、读、写技能,形成用英语与他人交流的能力,促进学生思维能力的发展"。在高中英语课程标准中对于语法提出了如下要求(表3-1)。

表3–1 普通高中英语课程标准语法知识内容要求

课程类别	语法知识内容要求
必修	(1)意识到语言使用中的语法知识是"形式—意义—使用"的统一体,学习语法的最终目的是在语境中有效地运用语法知识来理解语义。 (2)运用所学的语法知识,理解口头和书面语篇的基本意义,描述真实和想象世界中的人和物、情景和事件。简单地表达观点、意图和情感态度,在生活中进行一般性的人际交流。 (3)在语篇中理解和使用过去将来时态。 (4)在语篇中理解和使用现在进行时态和现在完成时态的被动语态。 (5)在语篇中理解和使用动词不定式作句子中的定语和结果状语。 (6)在语篇中理解和使用动词-ing形式作句子中的定语、状语和补语; (7)在语篇中理解和使用动词-d形式作句子中的定语、状语和补语。 (8)在语篇中理解和使用由关系代词that、which、who、whom、whose和关系副词when、where、why引导的限制性定语从句。 (9)在语篇中理解和使用简单的省略句。

在语篇中使用语法,英语词汇和语法与英语读写相互影响,通过语境引导学生学习词汇和语法实际上是为写作奠定基础,实现在语境中提高学生读写素养的教学目标。基于语境教学理论的语境读写教学法有助于学习新词汇、有助于学习语法知识的。基于语境教学理论的语境读写教学法提升了学生阅读和写作的能力。在语境中关注写作技巧,以读写能力为基础的学生素养从而得以提升。

第二节 语境中学习词汇和语法

"To read well, you need a strong vocabulary; To build a strong vocabulary, you need to read well."读写与词汇量是相辅相成的,语法是将词汇构建成篇章的支架,词汇和语法组合成篇章,篇章为读写创造语境,读写的提升要以词汇和语法为基础,在语篇语境中学习词汇和语法能更有效地促进读写能力的提升。

Kramsh的语言习得理论认为语境包含五个维度:①语言的形式层面(linguistic context)。语言形式的采用取决于在文章中的位置,这个语言需要和前后语言要素保持形式上的联结。②语言的情境层面(situational context)。语言形式的采用取决于维持语篇的连贯。语言意义的实现与语言交际外在因素有关。③语言的互动层面(interactional context)。语境的产生和说话人在当时的个人选择有关系,这和说话人的经历、世界观及对交际互动的共识有关系。④语言的文化层面(cultural context)。语言不仅和个人选择有关系,更和人们所处社会与集体知识积累即社会生活的隐喻有关系。⑤语言的互文层面(intersexual context)。文本之间的关联性,学习者的学习经历与我们文化所约定俗成的教育理念和教育实践相关联。为学生创设语境,提供学习词汇、语法的语境,创设读写语境,学生可有效提高对语言知识的运用能力,学生读写素养在此语境中自然形成。

一、词汇在理解主题语境的篇章上习得

词汇只有在语篇中才有真正的含义,在平时听课中,我们发现教师经常把单词和课文分开来教学,实际上利用教材作为语篇的材料,让学生在掌握教材的基础上掌握词汇,不同语境下单词的含义不一样,利用相同的语境和相似的语篇结构引导学生运用单词,对于单词学习效果相对会更加好一些。在教授新课时,特别是在教授Reading的文章时,要鼓励学生理解文章的整体大意,勇敢地面对新单词。

例如9A下Unit 1 *The Voyages of Zheng He*一课的第二段"Zheng He was born in Yunnan in 1371. He rose to become a trusted official... quantities of goods"中出现新单词有"rise, official, develop, relation, trade, foreign, fleet"等。

教师应要求学生先理解全文，在阅读全文的基础上，检测学生理解能力，让学生根据课文回答问题，其中有两个问题是根据第二段回答：

（1）"Why did the Yongle Emperor of the Ming Dynasty order Zheng He to explore the lands outside China?

（2）What did Zhen He do then？"

学生能根据文章内容找到正确答案，在答案中呈现词汇，在语篇中建构词汇的使用方式。教师检测学生词汇学习情况，我们可以在相同的结构中，设计相似的内容，让学生用所学新单词完成短文：

Zhang Qian set up a _____ _____ called the Silk Road. It led to _____ China's _____ with _____ countries...

学生根据所学内容和猜测单词填写"trade route, develop, relation, foreign..."

围绕语境，学生在语篇中体验词汇等语言知识。学生无论在阅读文章中学习，还是根据上下文猜单词都需要在语境中进行，另外，英语单词中的一词多义，更加需要在具体的语境中学习。教师在课堂上指导学生掌握一定的词汇学习技巧，鼓励学生遇到不懂的词汇要学会猜测，要根据上下文掌握用法，更要在语篇中大胆使用。只有在语篇中掌握和运用词汇，才是真正学会了词汇。

二、词汇在主题语境中的篇章中复习

在广州现行使用的广州牛津版初中英语教材都是以话题形式编排的，话题接近学生的生活，话题要在具体的语境中进行训练，每个单元的首页都是由Hi和Lo的对话引出话题，激起学生学习的兴趣和好奇心的，Reading和Listening输入话题，根据在Reading中出现的语法学习语法，Speaking和Writing输出语境中的话题，More Practice进一步综合在语境中输入的语言，Culture Corner引入关于语境的课外拓展，两个单元一个Project综合输出在语境中讨论的话题，引导学生利用教学资源进行学习。教材为学生在语境中具体学习词汇等语言知识提供了资料。学生通过认真阅读教材,了解了在特定语境中的词汇。作为教师要巧妙运用教材,让学生在输出语篇中多运用词汇。

9A上 Unit 4 语境是Problems and Advice 。Reading 部分中输入部分的语境是关于Problem,"Four teenagers write to an online newspaper to ask for help"。其中第一个学生Anna的问题是关于减肥的,其中出现"model,diet"等词,在指导学生学习完Reading后,对教材进行整合,让学生学习More Practice。

设计一个任务:学生以Aunt Linda 的身份帮助教材中的学生,学生在讲述时用了"If your friend Anna wants to be a model,she should do sports. She should stay on diet because she's too thin…"学生在学习新的语篇中不仅复习了单词,而且增加了对词汇的理解。

三、语法在语境中感悟

正像Kramsh的语言习得理论所认为的语境语言的文化层面那样,英语课程标准对教师的语言知识教学提出要求,语言知识要注重语言实践,培养学生的语言运用能力,学生语言的交际能力。教师通过创设接近交际生活的不同主题的语境,让学生在体验中学习知识。学生参与循序渐进的语言实践活动,教师注重过程与结果并重的教学途径和方法,培养学生用英语做事情的能力。语法在篇章中可以看作骨架,它和知识、技能以及交际相互作用,才能把篇章的意义表达清楚,它们的关系如图3-1所示。

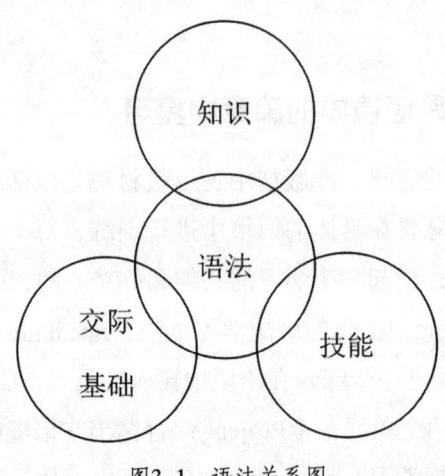

图3-1 语法关系图

从图标中，我们必须认识到以下几点。

1. 语法是一种知识

持语法知识论者认为，语法是语言学家和语言教师所研究的一门知识，包括描述性知识和程序性知识。描述性知识由各种语法规则组成，包括词法、句法和章法，包括词类、从句、时态和语态、情态等；程序性知识指如何运用语法完成交际任务的知识。第一种知识可以通过学习获得，而第二种知识表现为一种能力，必须通过训练和应用才能掌握。

2. 语法是一种技能

持语法技能论者认为，掌握了语法知识不等于能说出或写出符合语法的句子，更不等于能用正确的句子交流思想。学习者要通过各种练习，要反复使用才能掌握语法。对于那些使用母语的人来说，语法更是一种技能，一种自动的技能，因为他们很可能说不出所使用的语法规则。

3. 语法是一种交际基础

语法不仅要解决语言正确的问题，还应保证意义得当、使用得体。语法不应该只是简单的句子结构和单词的用法，同时包括形态和语篇，包括在语域中的语言使用情况等。总之，语法是有效交际的基础。

由此可见，我们在语法教学中要注意语法的结构、语义和语用。通过语言操练，让学生在情境、语境、语篇中感知语法；通过语言练习，让学生在情境、语境、语篇中理解语法；通过交际训练，让学生在情境、语境、语篇中使用语法。语法是语言的规则，语法教学是在听说读写活动中进行的，我们在教学过程应注意让学生在贴近生活实际的活动内容和形式中，通过听说读写来运用语法，提高综合运用英语的能力。

语法知识在语境中让学生渐进地感知、学习，在实践中加以运用。教师有目的地指导学生学习，学生在学习中感到学习的乐趣，体验到学习的成功，语法知识为学生听说读写奠定基础。

第三节　语境中语法教学课例分析

在新课程理念下，如何让学生有效地学习语法知识呢？张小燕老师利用故事活动进行的动态语法技能教学为我们展示了一节生动的语法课。在故事活动中学习语法，这节课教授形容词，本节课教材来自7A上Unit 4 *Season*的语境，学习的语法知识内容为：

（1）了解现在进行时的概念和用法。

（2）学习adj. +n。

（3）学习Be +adj。

（4）学习It is +adj.to do。

利用语境中学习的语法，张老师以白雪公主A Journey to Save Snow White的故事为教学线索，借用单元话题*season*设置故事的人物名字用上描述天气的形容词；教授形容词时利用形容词描述天气，如Warm spring, Sunny summer, Cool autumn, Cold winter, 让学生看动画小视频，为学生创设在语境中学习语言知识的环境，让学生了解形容词，然后再学习"adj. +n"，"Be+adj."等知识。以王子救白雪公主为线索，七个小矮人"Mr Sunny, Mr Rainy"等完成任务为依托，引导学生在语境中学习语法知识，在课堂上让学生在具体的语境中使用现在进行时和学习 adj. +n, Be +adj., It is +adj.to do 。具体教学如下。

一、学生：感知和体验语法知识

张老师以白雪公主A Journey to Save Snow White的故事为教学线索，通过教学，让学生掌握四个语言知识：了解现在进行时的概念和用法，adj. +n, Be +adj., It is +adj.to do 。

整节课包含五个步骤：

Step 1 Warming up：让学生看动画小视频，为学生创设感知语言知识的环境。

Step 2 Before revision：通过听和说来感知语言现象。

Step 3 While revision：分为七个任务。

Task1：Big Eyes；

Task2：Quick Mind；

Task3：Quick Hand；

Task4：Smart Mouth；

Task5：Brave Heart；

Task6：Word Bank；

Task7：True Love。

正如张老师的设计中所讲的：以教材情境为载体设计各种任务和活动，让学生在大量输入后自主梳理、总结、归纳语法现象的形式、意义和用法。设计各种高效的课堂教学活动，如Guessing Game 和改编歌曲学唱的活动等，让学生动态接受语法技能，在口头和笔头练习语法知识。以话题为主线的一篇半开放式语篇来创设小组讨论活动，倡导学生思考和搜索所有可能的答案，让学生在合作、探究中实现语言的运用。

Step 4 After revision：让学生在任务下提升和完成语法技能的掌握，并运用到各种生活实际中。

Step 5 Homework：对本课所有教学环节进行延续，将课堂上的复习和巩固在给出建议下将口头输出变成书面写作，培养学生自我评价的习惯和方法。

二、教师：理解和运用语法教学策略

张老师的语法课引起我们的思考：

课堂教学中，教师要采用丰富多样的教学方式和手段，根据主题语境，依托语篇，以活动为形式的整合教学，学生在课堂活动中学习语言知识、掌握语言技能、内化文化精神、发展学习能力，把英语学科核心素养的培育目标落实到位。语法教学要注意以下问题。

1. 渐进性

课堂教学由视频引入白雪公主，通过白雪公主She is a beautiful girl.和王后She is an old woman的对比，让学生了解形容词，然后再学习adj. +n，Be +adj.等知识，稳步、扎实地学习知识，从而更好地运用知识。

2. 实践性

在语法教学中，以王子救白雪公主为线索，七个小矮人"Mr Sunny，Mr Rainy"等完成任务为依托，引导学生在语境中，通过体验、实践、参与、探究和合作等方式，发现形容词的使用规律，逐步掌握语言知识和技能，在使用的过程中理解语言，提高语言运用能力。

3. 目的性

整节课的教学是为了发展学生语言与思维能力，在展示活动中学习语言知识和发展语言技能，特别是Step 3 为学生设计七个目标，让学生通过接触形容词、理解形容词、运用形容词，由词语到句子，在活动中提升语法知识。

4. 趣味性

让学生感受到学习的乐趣，体验到学习的成功，学生才能更加积极地投入学习中。整节课学生在童话故事中遨游，教师不断激发学生学习积极性，学生想象自己是勇敢的小矮人，协助王子解决了一个又一个难题，完成一个又一个任务，在活动中感受乐趣，在活动中获得成功，在活动中建立信心。

5. 整合性

整节课借用单元的主题*season*：故事的人物名字用上描述天气的形容词；教授形容词时学习用形容词来描述天气，如：Warm spring, Sunny summer, Cool autumn, Cold winter, 在第6个任务采访中整合单元的知识设计，让Mr.Foggy和王子对话：

Mr. Foggy：What's the weather like in spring/summer/autumn/winter？

Prince：It is……

Mr. Foggy：Do you like spring/summer/autumn/winter？

Prince：…

Mr. Foggy：Why？

Prince：Because it is… to…

教师通过整合教材，以语法为支点，训练学生的听说读写能力，促进学生综合能力的发展。

在实践中，我们将语境教学理论运用到初中英语读写中，通过平时的教学实践，基于语篇理论的语境教学学习词汇和语法，有助于学生学习新词汇和语法语言知识，同时提升学生阅读和写作技能。例如，根据语境运用语篇框架教学模式学习英语，英语教学班综合运用英语能力提高，以写作为例，初三接手的英语教学班，第一学期10月份评价英语作文平均6.7分，到一模写作平均分为9.92分，在一次关于Advice语境的写作课中，一个45人的教学班中，有39人能在规定的时间内完成写作，其中有21人作文表达内容完整。学生对于人物、活动、健康等语境掌握熟练，这些语境中词汇和语法等能有效使用，由此，在语境中培养学生读写的教学方法有利于提升学生素养，为学生学习英语打好基础，有效促进学生发展。

第四章

语言技能在语篇语境中的训练

第一节　对语言技能教学目标的思考

在英语课程标准中，语言技能是语言运用能力的重要组成部分，词汇、语法、功能语言是学生学习英语的基础。如何体现学生是否掌握知识及在语言技能方面掌握的程度？这一问题值得思考。语言技能包括听、说、读、看、写等方面的技能，即输入技能和输出技能，听、读、看属于输入技能，说和写属于输出技能，输入和输出过程内化很大程度要看学生对已有知识的掌握程度和对新知识的理解、建构。斯韦恩在1985年提出了"可理解输出理论"，输出是可理解的输出，包括口语、写作等输出技能。听、读、看是理解性技能，说和写是表达性技能。理解性技能和表达性技能在语言学习过程中相辅相成、相互促进。理解技能转化为表达技能，学生需要通过大量的专项和综合性语言实践活动发展语言技能，提高对语言知识运用的能力，语言知识掌握和语言技能提升能为真实语言交际打基础。教师需要提高学生对语言的注意度，为学生提供外部反馈，学生通过输出技能的反复训练，提高语言运用的流利度和熟练度。

2017年普通高中英语必修课程语言技能内容要求见表4-1：

表4-1　普通高中英语课程语言技能内容要求

课程类别	语言技能	语言技能内容要求
必修	理解性技能	（1）从语篇中提取主要信息和观点，理解语篇要义。 （2）理解语篇中显性或隐性的逻辑关系。 （3）把握语篇中主要事件的来龙去脉。 （4）抓住语篇中的关键概念和关键细节。 （5）理解书面语篇中标题、小标题、插图的意义。 （6）辨认关键字词和概念，以迅速查找目标信息。 （7）根据语篇标题预测语篇的主题和内容。 （8）批判性地审视语篇内容。 （9）根据上下文线索或非文字信息推断词语的意义。 （10）把握语篇的结构以及语言特征。 （11）识别书面语篇中常见的指代和衔接关系。 （12）在听、读、看的过程中有选择地记录所需信息。 （13）借助话语中的语气和语调理解说话者的意图。 （14）根据话语中的重复、解释、停顿等现象理解话语的意义。 （15）理解多模态语篇（如电影、电视、海报、歌曲、漫画）中的画面、图像、声音、符号、色彩等非文字资源传达的意义。 （16）课外视听活动每周不少于30分钟，课外阅读量平均每周不少于1500词（必修课程阶段不少于4.5万词）。
必修	表达性技能	（1）根据交际需要发起谈话并维持交谈。 （2）清楚地简述事件的过程。 （3）使用文字和非文字手段描述个人经历和事物特征。 （4）在口头和书面表达中借助连接性词语、指示代词、词汇衔接等语言手段建立逻辑关系。 （5）在书面表达中借助标题、图标、图像、表格、版式等传递信息、表达意义。 （6）根据表达目的选择适当的语篇类型。 （7）根据表达的需要选择词汇和语法结构。 （8）根据表达的需要选择正式语或非正式语。 （9）借助语调和重音突出需要强调的意义。

根据英语课程标准对读写的要求，初中学生读和写要到达五级。在读方面要求能根据上下文和构词法推断、理解生词的含义，理解段落中各句子的逻辑关系，能找出文章中的主题，理解故事的情节，预测故事情节的发展和可能的结局，读懂相应水平的常见体裁的读物，根据不同的阅读目的运用简单的阅读策略获取信息，利用词典等工具进行阅读，课外阅读量应累计达到15万词以

上。在写方面要求根据写作要求、收集、准备素材，独立起草短文、信件，并在教师的指导下进行修改，能简单描述人物或事件，能根据图示或表格写出简单的段落或操作说明。语境是人们进行交际活动的场所和舞台背景，不同的语境规定了交际的不同类型和方式，语言现象必须和它所依赖的语境联系起来，把语境和语篇结合，在课堂上以阅读和写作的形式对语言知识，如词汇和语法等进行使用。

发展学生英语语言技能，就是使学生能够通过听、说、读、看、写等活动，理解口头和书面语篇所传递的信息、观点、情感和态度等；能利用所学语言知识、文化知识等，根据不同目的和受众，通过口头和书面等形式创造新语篇。学生活动是学生发展语言能力、文化意识、思维品质和学习能力的重要途径。随着新科技媒体的发展，语言技能中的"看"这种技能在新媒体时代日趋重要，在现实语境中，语言技能"看"指利用多模态语篇中的图形、表格、动画、符号以及视频等理解意义的技能。读者理解多模态语篇，在使用传统的文本阅读技能的同时，也需要读者观察图表中的信息，理解符号和动画的意义。图形、表格、动画和符号等都在特定语境中设置，因此在教学中以语境为基础，将教材根据语境分类，如人物语境、健康语境等。

以九年级上 Unit 6 reading为例。Unit 6这个单元是关于健康的语境，通过Samuel和Doris在饭店关于饮食的谈话，突出均衡饮食的主题，引出如何均衡饮食的话题，通过讨论让学生了解均衡饮食包含的食物有"fruit, grains, vegetables等。

运用skimming, scanning, guess words 和detailed reading 等阅读中读的微技能理解课文，找出学生可以用来描述均衡饮食的句子"The doctor said that I need to ...by avoiding fat, oil and sugar" "It is necessary to have a balanced diet…" "A balanced diet means having different kinds of healthy food…" "You should have plenty of fruit..."让学生理解语篇中描述这种语境需要的语法等。

在学生进行独立写作之前，让学生填写教材中编写的短文"Last week we did a survey about how to keep healthy. Here is _____. We think it _____to _____ diet. You can't _____ too much _____, such as fried eggs, hamburger. You'd _____ soft drink..."在此基础上让学生完成一篇关于健康语境的短文。

在语境中以语篇形式出现,让学生利用阅读和写作策略进行阅读和写作,掌握策略和技能的同时,懂得在语境中将输入的知识内化,有目的地输出知识。

第二节　听说技能在语篇语境中提高

一、初中学生听说问题分析

随着我国改革开放的深化和扩大,中国"一带一路"倡议影响全球,英语作为主要的语言之一,学习英语并运用英语进行口头交际已成为社会的需要。英语课程标准根据社会发展需要和学生发展规律,把考查学生的英语听说的能力作为英语教学评价的重要组成部分之一,广州市初中毕业水平考试英语听说能力作为评价标准之一已经存在多年,采用语篇书面和口头两种形式。广州市初中英语听说所考查的内容和能力、考查的方式以及评分标准等和笔试有很多不同之处,学生的听、说、读、写都是在运用语言,听和读属于外部语言转化为内部语言,写和说属于内部语言转化为外部语言,外部语言是检验内部语言发展水平的客观标准。

胡春洞在《英语教学法》中提道:"开口是一种习惯"。学生开口大致要过三道关:

(1)发音、拼读和简单的回答或对话。

(2)朗读、背诵和连续性的答和问。

(3)表情朗读和发挥性的议论。

想要通过上面三关,英语学习者必须要完成以下学习任务:

(1)第一关主要需要的是句型操练熟练,对一些基本话题能达到脱口而出。

(2)第二关最需要的是整体掌握课文,能背诵,能提问,能回答有关问题,能按照基本模式套路熟练地复述课文,能达到一边想一边说。

（3）第三关取决于课文以外的大量听力的自然熏陶、感染以及配合进行的即兴发挥式的议论、讨论、辩论等。

总之，第一关要求开口即可；第二关要求开口成套；第三关要求开口有内容、想法和见解，开口关通过与否同语言和情景联系的密切与否是分不开的。可见，说的前提是能让人听明白，还要存在具体语境中。但是学生在实际英语学习中仍存在以下困难。

1. 学生因听力不敢说英语

这里的听力是指学生听不明白教师提问的能力。首先，由于有新词、新句型和新语法现象，或者连读、弱读、失去爆破、重音移动等使语流中的词句发生了变化，所以学生听不懂，如The students passed on the sticks to the others at the same time 一句，学生所听到的是The students past Tom the sticks to the others at the same time. He is in a wheelchair或He singer wheelchair等，因而不明白句子的意思。其次，有的学生由于平时不注意发音训练，许多词只知道词形和词义，但不会读音或者发音不准，所以听不懂教师的正确发音。例如，老师说：Look out .The car is coming. 学生理解成：向外看，车来了；false为fourth；thanks为fans等。

最后，学生由于不了解西方文化，不熟悉英美人的生活习惯、文化特色、志趣爱好，所听内容虽无新词句，但是却不能听懂，在教BOOK IV Unit 8 *Thanksgiving*时，发现学生由于对美国的节日历史了解甚少，不明白"We give thanks to God for all that we have got."等句子，会问道："Why do they give thanks to God but not their parents on Thanksgiving？"总之，学生具体表现有：由于掌握的听力词汇有限，不能完全听懂，甚至完全听不明白提问，或者只听懂了几个单词，于是断章取义，导致答非所问甚至不敢开口。

2. 学生因汉语思维方式不能说英语

苏联心理学家乌兹纳捷加提出的所谓心理定式：由一定的心理活动所形成的倾向性准备状态，决定同类后继心理活动的趋势。英语和汉语这两种语言存在的差别，使得以汉语为母语的初中生，由于消极的定式心理作用，使他们养成了一种以汉语思维的习惯，在学习英语时，难以改变原有的思维习惯，打破原有的心理定式，导致他们不能形成英语的思维习惯，灵活掌握英语的句型、语法结构。例如，有这样一幅图：一个学生乘坐公共汽车去城镇，在车上让座位给一个抱小孩的妇女。学生说成：Tom by bus to town. He is give his seat to the woman carry a child. 总之，许多学生说出的英语错漏百出，一开口就是说汉语，说英语时夹杂着汉语，或者说中国式的英语，没有形成说英语的习惯，基本的交际能力不够，缺乏组织话语条理性的能力，怕开口不能成篇，因此不敢开口。

3. 学生因心理问题而难开口说英语

口语流利性一定程度上受准备充分与否、是否有自信心、话题熟悉程度等因素影响。有些学生由于性格较内向，在别人面前说英语怕羞，觉得说英语很别扭，会招到别人的笑话，羞于开口。大多数学生怕自己的发音不准，怕说出一些"中国式"的英语，不好意思在课堂上讲英语。一些学生觉得自己不是学英语的"料"，缺乏学习英语的信心，产生一种自卑心理，因而不敢开口说英语；有些学生不够重视，虽然明白学好口语是有用的，但是又不愿吃苦，不肯下功夫练习；有的学生贪玩厌学，不愿花时间在学习上；有的学生课上不好好学习英语，课后又懒得开口练习，最终导致不能开口说英语；甚至有些学生认为现在考试注重笔试，认为学不好口语没关系，不需要开口说英语。由于种种的心理原因，学生口语练习机会少，平时不注意语音、语调的练习，往往说话不成句，想到一个单词就说一个单词，流利性差，达不到交际的目的，有的甚至不敢开口说英语。

二、改进教学方法，提高学生主动说英语的能力

根据英语课程标准，初中毕业英语要达到五级目标。五级目标对"说"的描述有：

（1）能就简单的话题提供信息，表达简单的观点和意见，参与讨论。

（2）能与他人沟通信息、合作完成任务。

（3）能在口头表达中进行适当的自我修正。

（4）能有效地询问信息和请求帮助。

（5）能根据话题进行情景对话。

（6）能用英语表演短剧。

（7）能在以上口语活动中达到语音、语调自然，语气恰当。

广州市初中会考英语听说考试采用的题型有：①朗读；②回答问题或情景对话；③话题简述或看图说话。

由于学生开口说英语存在的困难，学生达不到以上目标，难以通过听说的评价。在教学中教师可尝试使用以下教学方法，从而增加词汇，解决听力问题；熟练掌握英语习惯用语，形成英语的思维方式，增强交际能力；树立学生的自信心，自主、自觉开口说英语。

1. 语篇语境中背诵和活用结合

衡量一个人口语水平高低主要看以下几个方面：语音、语调是否正确，口齿是否清楚；流利程度；语法是否正确，用词是否恰当得体，是否符合英语表达习惯；内容是否充实，逻辑是否清楚。为了能达到以上的目标，在教学中可采用"背诵和活用结合"的原则。背诵整篇或整段的文章，有利于语音和语调的正确、熟练，有利于语法和词汇的巩固，有利于语感的发展和口语能力的提高，从而掌握英语的习惯表达方式。而活用有利于训练英语逻辑思维能力，有利于实际交际能力的培养，使学生达到不假思索脱口而出的效果。人教版BOOK IV LESSON 29关于节日语境的语篇，把语篇设计成听说训练题型，学生听完录音和回答问题之后，对美国Thanksgiving有了一定的了解，教师给出框架，让学生背诵对话，学生内化语境中的句子和段落，建构自己的文化语境框架。这里的教学任务是设计一个关于中国的"The Mid-autumn Festival"的对话，假设一个美国学生到中国，学生邀请他一起过节，并告诉对方中国中秋节的特色，然后比较中国和美国节日的相同和不同点。整个教学过程就是对东西方节日文化语境的学习，学生了解美国节日文化，形成表达结构，最终熟练掌握邀请的交际用语，理解节假日活动的话题。学生在学习过程中，能够开口说英语，运用正确的语音、语调，基本上正确、恰当的词汇和语法谈论身边的节日，内容充实；能根据简单的话题提供信息，表达简单的观点和意见。

2. 采用复述的方式建构语境框架，提高信心

复述是学生对语言材料吸收、存储、内化、整理和表达的过程。它有利于提高学生的记忆力、理解力和表达能力；有助于加深学生对语言材料的理解、巩固、积累，提高学生的想象能力、思维能力及系统、连贯的说话能力。学生学英语离不开记忆，但是记忆不是死记硬背，而是灵活掌握和运用。复述就是一种很好的自我训练口语，记忆单词、句子的形式。学生刚开始由于语言表达能力、技巧等方面的原因，复述往往接近于背诵，但随着熟练增加，逐渐由"死"到"活"。在保证语言正确的前提下，学生可以用自己在课堂上新学的词汇和句型来替换一些不常使用或难于理解的东西，对于自己读音掌握不准的词汇可以不用；学生也可以根据自己的理解改编课文，用自己的言语表达课文。以人教版BOOK IV Lesson 18 *Look Carefully And Learn*一课为例，在指导学生学习理解这篇课文后，要求学生根据挂图复述课文，学生讲道：

Miss Lin is my chemistry teacher. She has a strange way of making his class lively and interesting. One day she brought out three bottles. Then she filled a cup with some of the petrol, some of the castor oil, and some of the vinegar. After that, she mixed the three together. She dipped one of her fingers into the cup...

其中，他们把原来课文中的老师改成自己的化学老师，又运用了：have a way of, make sth. adj., fill with, dip into"等课文的新短语。真正使学生在复述中掌握知识，增强信心，大胆开口，达到在口头表达中进行适当的自我修正的效果。

3. 教学情景结合语篇语境，培养学习兴趣

情景是指交际活动的社会情景，著名语言学家克鲁姆认为：成功的英语课堂教学应为课堂内创造更多的情景，让学生有机会运用已学到的语言材料。Nunan（1995）在研究了有关学习者在课堂上练习口语活动后指出：学习者若有较强的交际欲望，会加快其语言学习速度。课堂口语教学的总目标是使学生习得交际技能，促进学生在课堂内外真正的口语交际，英语的交际离不开真实的情景或语境。教师在备课中设计多种教学情景，在教学过程中应借助图片、录音、电视、投影、实物、电脑等多媒体教学用具把教学内容以生动、直观的形式呈现在学生眼前。学生在实际生活情景中学习词汇、句型和语法等语言知识，把枯燥乏味的知识变为生动的活的语言技能，使学生对教学内容更容易理解，从而产生兴趣，在不知不觉中开口说英语。学生英语口语达到能与他人沟通信息，在特定的环境中能有效地询问信息和请求帮助，能根据话题进行情景对话，甚至能用英语表演短剧的水平。在教学过程中，我们经常通过谈论实际的生活，引出主题；通过各种教学方法，帮助学生熟悉课文；通过具体的情景，熟悉各种话题；利用身体语言使学生容易理解；等等。例如在教BOOK IV LESSON 9 一课时，以任务型教学为设计理念，采用情景教学法，使学生"在交际情景中生成"，让学生在愉快的气氛中学习英语并提高英语口语的能力。在教新课前，利用挂图，讲了一个关于朋友的故事，然后根据故事问了五个问题：

（1）Where was he born?

（2）Where does he live?

（3）How does he feel when he sails on Lake Superior?

（4）What sport is he in?

（5）How far did he swim once?

从而引出了课文的句型。当学完新授知识后，又让学生根据自己过去参加体育活动的经验设计一个"Pair work"，选个别组进行角色表演。通过设置和教学内容相似的真实情景，进行交际训练，驱动学生去完成较容易的小任务，分解语言难点，更重要的是吸引学生开口说英语。

4. 运用"任务型教学"理念，小组合作学习，营造语言学习氛围

英语课程标准要求："把英语教学与情感教育有机地结合起来，促使学生互相学习、互相帮助，体验集体荣誉感和成就感，发展合作精神。"在英语教学中，我们采用任务型教学模式，把综合语言运用能力的培养落实在教学过程中，倡导体验、实践、参与、交流和合作的学习方式，实现任务目标，感受成功，实现能用英语做事情，最终达到掌握语言的目的。英语使用和交流需要一个环境，通常我们采用合作学习方式。合作学习是20世纪70年代兴起于美国的一种教学理论与策略体系，是"学生在小组或团队中为了完成共同的任务，有明确的责任分工的互助性学习"。学生学习语言须在一定的语言情境中进行相应的语言交流，小组合作学习则是一种行之有效的方法。在英语教学中，学生之间的平等交流，容易引起共鸣，减轻学生对用英语和老师交谈的恐惧，同时又能加大学生之间的互助，提供更多的英语口语练习机会，从而提高英语口语的交际能力。在教学中，把学生在前后左右坐的四位同学分为一组，每组固定一个组长，选一个记录者，其他两人协助研究（其中代表小组发言的学生轮流）。

以人教版BOOK IV Lesson 26 "Countries And Languages"一课为例，教师要求学生在课前以小组为单位上网查找或查找书籍资料，找出有关联合国建立的历史以及联合国所使用的语言等，所找资料在教新课前用英语告诉其他同学。教学过程中，让学生根据所提的问题：

（1）Which language is the most widely used? Why?

（2）Which language has the largest number of speakers?

（3）How many languages are spoken in the UN？Why isn't Japanese used in the NU？"

学生进行小组讨论，然后在班上用英语发表看法。让学生通过小组讨论和小组合作学习，运用语言来完成各种各样的交际活动。学生通过表达、沟通、交涉、解释、询问等多种语言活动形式来学习和掌握语言，达到能就简单的话题提供信息，表达简单的观点和意见，参与讨论；进而能与他人沟通信息、合作完成任务，有信心主动开口说英语的效果。

总之，听说是语篇口头表达输入和输出的综合体现，教师在教学过程中必须帮助学生增加词汇量，提高听力；掌握英语的习惯用法，了解东西文化差异，克服汉语的思维方式，形成英语的思维习惯，即用英语想和说；树立学生说英语的信心，端正不良的心态，大胆开口说英语，提高英语口语能力。

通过一年多的实践，我们发现自己所任教英语的两个班级的学生普遍重视对听说的学习，课堂上学生能够大胆、主动开口说英语。说能力提高的同时，写能力也有了一定的进步。我们在教学过程中认识到，英语教师应注重将口语的教学内容与社会实际需要、学生兴趣爱好紧密联系起来，可采用背诵和活用结合、复述的方法，更可采用以任务型教学为设计理念的情景教学法或交际教学法，甚至可以运用发挥学生主动性和积极性的小组讨论方法，达到激发学生求知欲，促使学生产生一种学习的内驱动力，主动地学习，主动地开口说英语，提高英语口语教学效果，最终提高学生的英语综合素质。

第三节　读写看技能在语篇语境中建构训练的实例

阅读素养指学生为了取得个人目标，形成个人知识和潜能及参与社会而理解、运用和反思书面材料的能力。阅读素养的提高需要相应的读写看技能训练，针对读写看技能，新课程提出了一定要求（第四章第一节表4-1高中英语课程语言技能内容要求），其中有"从语篇中提取主要信息和观点，理解语篇要义;理解语篇中显性或隐性的逻辑关系"等内容。读写看技能如何有效落实,在语篇语境中如何建构?让我们走进深圳市龙华区潜龙学校英语课堂,他们的报纸阅读和利用思维导图读写教学,让我们颇有收获。

一、Newspaper Reading课例(图4-1)

图4-1 报纸阅读课

深圳市龙华区潜龙学校的报纸阅读课中,学生通过阅读报纸进行听说读写看训练,报纸阅读课开辟了另一种培养学生阅读的模式。具体步骤如下:

Step 1 Lead-in Let the students talk about "How many sections do we have for an English newspaper? What are they?" (图4-2)

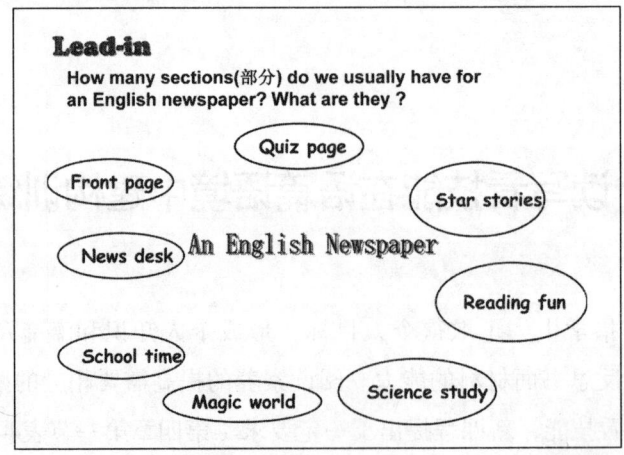

图4-2 Lead-in部分

教师引导学生了解报纸的结构，通过图片和问题导出本节课的教学主体，培养学生具体信息阅读的技巧。

Step 2 Task 1 Who are they? Do a match. （图4-3）

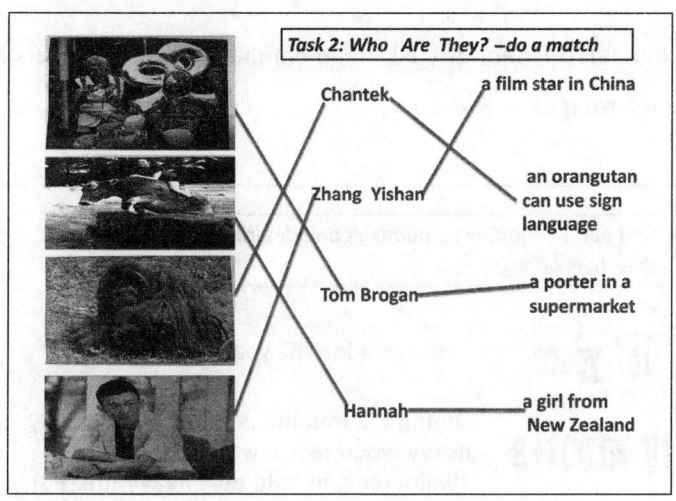

图4-3 观察图片练习

教师要求学生通过阅读报纸，找出PPT上的人物并明确他们在做什么，培养学生简单的判断和理解的能力。

Step 3 Task 2 Find out where the passage are from the main ideas. （图4-4）

Main ideas	Sections	Titles
1. There is a Children's Book Week in Australia.	P 3	Aussie kids love books
2. Many people in the US are very happy to see the total solar eclipse.	P 4	In the US, millions celebrate The Great American Eclipse
3. The robots help people do many things.	P4-5	Robots are good helpers
4. There is a kind of pants can "grow" with baby.	P6	Growing pants

图4-4 主旨大意题

这一部分首先要求学生阅读主旨大意然后理解，找出这个内容所在的版面，并说出标题。教师用逆思维的方式进行教学，让学生先知道大意，再找出来由，训练学生理解基本逻辑结构，为学生评价中阅读题目找出主旨大意进行了方法训练。

Step 4 Intensive Reading（1） Find out the following numbers and describe what they are referring to.（图4-5）

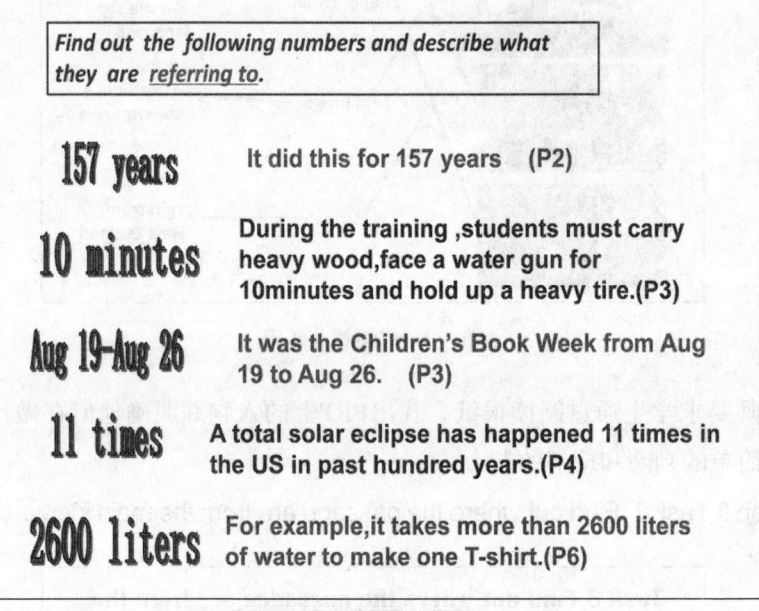

图4-5 找细节题

教师不仅要求学生找到数字，而且要求学生找到句子和内容，这是为了训练学生训读具体信息，理解文段的文化信息。

Step 5 Intensive Reading（2） Choose one piece of the topic in six to read carefully and draw their mind-maps. These mind-maps include characters, the place, the date or the main event, but only the keys should be used.

Step6 Show time Show mind-maps and retell the passages.（图4-6）

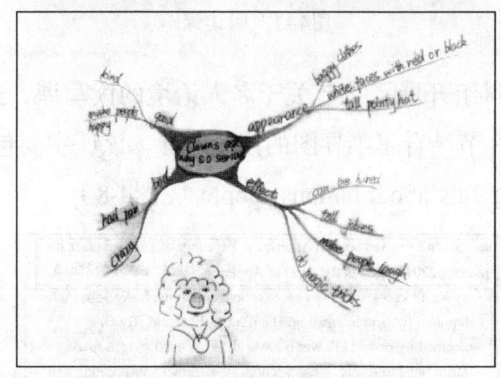

图4-6 思维导图

教师要求学生在小组合作中互相学习，训练学生理解文段的基本逻辑结构，由学生看和读的输入转为学生说的输出，综合理解文章，加深对文段的理解。在学生展示过程中，教师作为指导者，对学生进行点评和指导，加深学生理解的同时，无形中纠正学生在运用思维导图进行学习的错误。

Step7 Homework Finish their mind-maps and write a passage.

课后作业是对课堂进行拓展，强化写的输出。

报纸阅读运用了任务型教学方法，教学选择符合学生发展特点，教学思路清晰，教学动机明确，英语能力方面着重培养学生说读写看的运用能力；对学生英语阅读技巧的培养重在理解主旨大意，训读具体信息，理解细节，根据上下文提供的语境推测生词词义进而加深对文段的理解，理解文段的基本逻辑结构，理解作者的意图和态度，理解文段的文化信息，理解图表信息等。课堂教学激发了学生学习的兴趣，学生思维能力（理解力、分析力、综合力、比较力、概括力、推理力和判断力）得到训练。

二、Reading & Writing课例（图4-7）

图4-7 阅读课

潜龙学校英语科组开展了一节关于名人语境的读写课，这是以另一种方式展示阅读的课，是一节结合思维导图的读写看课。该课主要包括以下流程：

Step 1 Leading Talk about famous people. （图4-8）

图4-8 关于Steve Jobs阅读训练

Step 2 Reading Read the passage about Steve Jobs and draw the mind-map.

Step 3 Reading Read the passage about Mark Zuckerberg and draw the mind-map.

Step 4 Show time Talk something about Mark Zuckerberg according to the mind-maps.（图4-9）

> Mark Zuckerberg was born on 4th May, 1984 in America. He is the father and CEO of Facebook, one of the world's most popular social networking sites.
>
> The website Facebook has become a hit since it was founded in Harvard University. Today more than 900 million people log in at least once a month, making Facebook the world's definitive (堪称典范的) social network. . If Facebook were a country, it would be the world's third largest.
>
> To celebrated the birth of his first child, Mark and his wife said they would donate 99 percent of their shares (股份) of Facebook to society. That is about 45 billion US dollars. They want to use the money to help science and education.
>
> He is only 33, yet Mark Zuckerberg is already one of the richest and most successful people in the world. However, he knows how to deal with fame and fortune which makes people worship him more.

图4-9 关于Mark Zuckerberg阅读训练

Step 5 Writing Translate the phrases and sentences into English.（图4-10）

Homework

- 1. Search for information about a famous person
- 2. Draw a mind-map to prepare for the writing .
- 3. Writing: Stories about a famous person

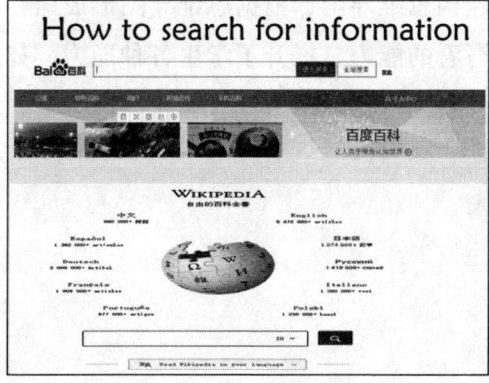

图4-10 家庭作业

Step 6 Homework Draw mind-maps about a famous person and write a passage according to the mind-maps that are drawn.

老师利用图片导入名人语境，引导学生学习名人Steve Jobs篇章同时建构关于Steve Jobs 的思维导图，帮助学生理解各部分来自篇章的不同段落，由图到具体篇章内容，形成了篇章整体结构。为了内化学生学到的知识，反馈学生对篇章和思维导图的运用，学生阅读关于Mark Zuckerberg 的篇章，学生根据篇章画出关于Mark Zuckerberg 的思维导图，小组合作，根据思维导图复述关于Mark Zuckerberg 的篇章。在学生大脑里建构起名人语境篇章和思维导图的内在联系。学生通过翻译描写名人的短语和句式，掌握基本写作的知识。课后拓展，引导学生写出自己心目中的名人，推荐学生上网查找知识，要求学生课后绘制名人的思维导图，并根据思维导图写出关于名人的篇章。

国际学生评价项目（PISA）认为"阅读素养不仅要强调阅读者能够理解所读文章的内容意义，还要强调阅读者应具备通过阅读获取知识信息，以此满足目的需求的能力。"在实际教学中，教师对于英语阅读训练都是通过阅读，完成阅读题目来实现的，然而潜龙学校的阅读课却用不同的模式，培养学生的阅读素养。教师的阅读课不仅包含读写看技能，还运用了建构主义理念，强化学生在语境中训练读写。教师采用在语境中训练学生的语篇阅读方法，通过语篇—思维导图—语篇—思维导图—口头输出篇章—总结写作词汇—思维导图—篇章的流程进行教学。教师利用思维导图，理解概括篇章，学生学习能力由输入—内化—输出，最后以思维导图的形式输出。在学习Mark Zuckerberg 篇章时，让学生构建关于他的思维导图，然后根据思维导图口头输出内容。在拓展知识时，让学生先建构思维导图，根据思维导图形成语篇。教学中潜移默化地培养学生听说读写看的能力，提升了学生各种能力，如理解力、概括力、创造力等。

第五章
信息技术在语篇语境教学中的使用

第一节 信息技术对英语教学的影响

《国家中长期教育改革和发展规划纲要（2010—2020）》明确了信息化在我国教育改革与发展规划中的地位，教育信息化已经成为我国实现教育现代化的重要手段。在教育领域上，现代教育技术可以带动教育领域各个方面的发展，包括教育思想、教育观念的更新，对教学内容、教材形式、教学手段和方法以及教学模式、教育体制和教学理论的改革等。

教育部颁布的《义务教育英语课程标准（2011年版）》中明确提出资源策略是课程目标之一，落实新的国家课程要求，培养学生使用学习策略，尤其是资源策略的能力，提高学生自主学习能力和终身学习能力，促进学生写作能力的提高。在《广州市义务教育阶段学科学业质量评价标准（英语）》中也提出把促进学生学科素养作为广州市教学领域进一步深化专项活动的工作目标和重要抓手。

21世纪是数字化时代，信息技术飞速发展，学生面对各种不同媒介信息的选择能力、理解能力、质疑能力、评估能力、应变能力以及创造和制作媒介信息的能力日趋加强。在现实教学中，使信息技术和英语学科整合，多媒体、录像和计算机结合，用声音、录像、图画等提供现场情景，运用真实语料进行教学，让学生身临其境，坐在课堂上就可以进行真实的社会语境交流。教师在教学过程中重视信息技术，利用信息技术和资源创设情境，把课堂变为活力、创意的学堂，有实际交际的语境环境，培养学生主动、探究和创新的意识，提升学生广阔视野，培养学生终身学习的态度和能力。

哈蒙德认为，一个完整的写作教学包括四个阶段：建立场知识、建立语篇模式、合作创造语篇和独立创作语篇。学生通过各种教学活动对写作主题进行了解；通过了解相关的社会经历和知识，认识要写作的语篇；通过对典型的语篇分析和研究，熟悉相关的语境；认识语篇的语类结构；将恰当的语类结构组织起来，产生语篇，创设语境；在语篇的基础上，教师指导和帮助学生进行写作。

信息技术与课程整合是一种信息化的学习方式，培养学生在信息化的环境中，利用信息技术完成课程学习，培养终身学习的能力。在教学过程中，在创建、运用、评价和管理中适当使用信息技术，运用硬件和软件资源，利用物联网技术支持个性化探究学习，信息技术支持学生合作探究学习、分布式学习等，提高学生学习的实效性。

第二节　发挥信息技术最优化策略

教学过程是由教师、学生、教学媒体、教学方法、教学环境等部分组成的，它是一个动态的整体，我们称之为整体性。整体性就是把对象看作一个由各个要素构成的有机体，从整体与部分相互依赖、相互结合、相互制约的关系中揭示系统的特征和运动规律。教学需要遵循整体性原则，围绕这个整体，通过确定教学目标、教学内容，利用电教媒体等步骤把教材、教师和学生联系起来，使教学效果达到最优化。最优化是运用系统方法能达到的目标。最优化就是要从多种可能的方案中选择出最好的系统方案，使系统具有最优的整体功能。它可以根据需要和可能定量地确定出最优化目标，分成不同等级、层次、结构，在动态中协调整体和部分的关系，使部分的功能和目标服从系统总体的最优化目标。教学过程正是利用了这一原理，从众多信息技术中选择最佳方案，促成教学效果最优化。

学校教学过程是由教师、学生、教材媒体等构成的相互作用的运动过程，是一个多因素、多层次、多功能的复杂系统。教师利用信息技术设计主题、应用信息技术进行管理和评价主题；学生根据主题，运用信息技术发现问题、领悟问题，组织并创造出解决问题的方式，公布问题答案，展示主题的成果。教师在运用信息技术时，要从系统的观点出发，着重从整体与部分之间，整体与外部环境的相互联系、相互作用的关系中，精确地使用信息技术，获得最佳功能的科学方法。

一、教学设计中渗透信息技术，前设语境

在教学过程中，教学设计或教学方案是进行教学的指南，教学设计以认知学习理论为基础，以教学过程为对象，运用科学的方法分析研究教学问题和需求，确立解决问题的方法和步骤，对教学结果做出评价。哈罗德·拉斯威尔提出了一个用文字形式表述的线性过程模式（图5-1）。

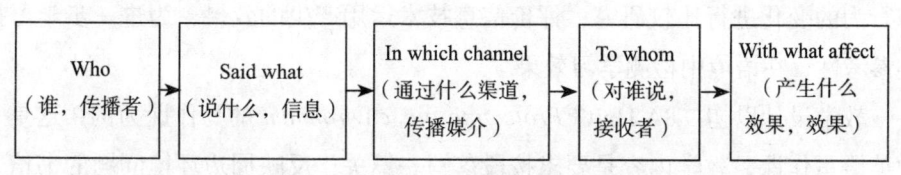

图5-1　拉斯威尔传播模型

教学设计以教学产生效果为目的，设计解决教学问题的步骤和方案，教学设计解决问题的过程，是一个综合运用现代学习理论、教学理论、教学传播理论、教学媒体理论和系统科学理论等相关学科理论和方法的过程。

教学设计要优化信息技术运用，考虑教师主导活动、学生参与活动、教学内容组织、教学媒体运用等方面以及他们之间的相互联系，利用信息技术把这些调动起来，达到调动学生积极性的作用。（图5-2）

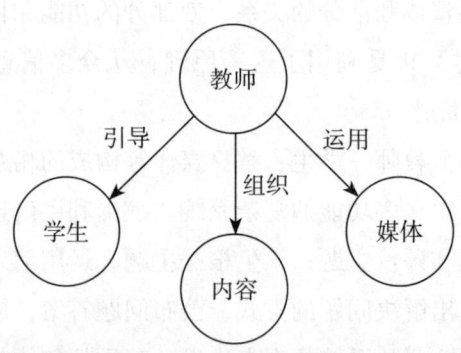

图5-2 课堂教学中教师与其他要素的关系

　　实际教学设计中包括教学目标、教学对象和教学内容等，教师分析教学对象时，着重分析所教学生的知识信息、技能信息和情感信息，从而确定教学内容信息、重难点，运用有效的信息技术创设学习语境。研究教学内容时，要关注研究教学过程中说什么和怎么说的问题，如何使教学内容和实际生活相联系，创设课堂现实生活语境。分析教学媒体，即对教学过程进行研究，研究教学过程中各种媒介的性能、特点、选择、传送方式等问题，让信息技术服务于学生学习语境。假设教学效果，对学生在接收信息后产生的意见、态度、思想与行为的变化进行比较研究；评价信息技术运用产生的效果，为进一步学习提供参考性，在语境中检测学习效果。

　　教学设计以初二8A Unit7 *Protecting our environment*的写作课为例，这是一堂英语写作课，教学内容是要求按段落写一篇关于反映周边环境问题的书信，教学内容贴近学生的生活。

　　初二的学生已经学习了基本的计算机信息知识，对计算机、网络等比较感兴趣，此外，学生已经有了一定的英语知识基础，在此基础上制定教学方案。课前，教师让学生观察周边的环境问题，利用相机或手机把观察到的周边的环境问题拍摄下来，利用电脑查找关于环境的词语，为写作积累素材。课堂上，学生展示记录的环境问题，阐明现在环境的恶劣情况，学生小组复习已经学过的关于环境的词语，教师利用课文上的几幅图，要求学生以这几幅图为媒介，运用所学的词汇进行描述，展开讨论，再进行写作。整个教学设计，根据学生比较喜欢表现自己、好奇等心理特征，展开课堂竞赛。利用教室的多媒体，学生展示从网上查找到的关于环境的资料和他们收集的图片。整节课师生恰当运用信息技术,用多种信息媒介促使学生学习,使无论好、中、差的学生,在这节写作课上都能有所收获。教学中注意帮助学生克服对写作的恐惧心心理,掌握关于环境语境的写作方法,从字、词、句到篇章,完成了以环境为语境的语篇。

二、学习语境在活用教育信息技术中产生

皮亚杰坚持认为,要从内因和外因相互作用的观点来研究儿童的认知发展,认识是一种主体转变为客体过程中形成的结构性动作和活动,认知活动的目的在于取得主体对自然和社会环境的适应,从而达到主体与环境的平衡。认知个体就是通过同化与顺化这两种形式来达成与周围环境的平衡。当认知个体能用现有的图式去同化新信息时,它就处于一种平衡状态,当现有图式不能同化新信息时,平衡被破坏,而修改或创造新图式(顺应)的过程就是寻找新的平衡的过程。个体的认知结构就是通过同化与顺应过程逐步建立,并在平衡—不平衡—新的平衡循环中得到不断丰富、提高和发展的。

利用信息技术为学生提供更多的相同或相似的包含文化语境的篇章或场景,让学生进行对比或比较,讨论不同语言和文化中的相同或相似语篇的共同点和不同点,让学生感知、内化所接收的语境,把知识通过写的方式,创造出语境中的文章。

在教学过程,利用设计好的课件,导入知识,让学生理解内容,在语境中感知要写的文章,通过写输出。例如关于戏剧评论的写作,让学生听 *phantom* 歌剧同时展示歌词,学生边听音乐,边写出自己的感悟,教师再帮助学生总结出戏剧评论的语篇结构,学生掌握关于戏剧评论这种语境中的文章。看 *birthday* 的视频,看的过程让学生注意描写生日语境的语篇结构,文章结构要注意开头、细节和感受,通过让学生写一篇关于 *My last birthday* 作文评价学生生日语境的写作情况。在写人的文章时,利用图片展示名人,让学生先填写名人信息,理解写人要注意的问题,掌握关于名人语境的文章,最后完成写作任务。

在教学过程中恰当地使用信息技术,采用多种手段运用信息媒介,培养学生英语的语言习惯,在语境中完成学习任务。

三、信息技术构建输出语境最优化

行为主义学习理论强调知识技能的学习靠条件反射，靠外在强化，学习就是形成刺激和反应的联结和联想，把学习看作刺激—反应之间联结的加强。学习者学到什么，是受环境控制的，强调邻近和强化在学习中的价值，有的人关注刺激与刺激的邻近，有的注重反应与强化的邻近，还有的则强调刺激—反应联结之间的邻近。

教育信息技术适合教育内容的客观事物的变化和特征，教育内容作为学生学习内容时，如果通过各种信息传播符号表达出来，更加有利于学生接受、加工、传递和存储。教育信息的内容与信息传播的载体（媒体）构成一个整体，教育信息研究就是要着重研究选择什么样的载体，采用什么样的技术手段进行信息的传递、加工和储存，以及将会产生怎样的作用和效果。

教育信息技术教学在以班级授课形式的课堂教学过程中，根据教学内容与教学目标的需要，合理地选择和应用现代信息教学媒体，集合传统教学媒体的有效成分，使两者有机地结合起来，各展所长，互为补充，相辅相成，构成教学信息传输及反馈调节的优化教学媒体群，共同参与课堂教学的全过程，达到教学过程的优化。在教学过程中，教师要将教育信息媒介和传统教学媒介有效结合，必须要注意以下三个方面：

（1）选择教学信息技术。根据教学内容和教学目标的要求，选择或利用相应的信息技术，使信息技术有效直接介入教学活动过程中，提供有利于学生学习的信息。

（2）利用教学信息体技术。课堂有效利用信息技术，创设一些与所学主题相关的问题与情境，创设的情境要有事实性、意境性、示范性、探究性。

（3）围绕学习主题语境。这一方式是要让学生明确学习主题，掌握语境中的语篇。教师要明白需要哪些学习资源，每种学习资源在学习这类语境的过程能起什么作用，学生能用何种途径获取这些学习资源，并指导学生有效地利用这些学习资源去发现问题和解决问题。

在学习"How to Keep Healthy"语境时，导入部分用了一个有关恶劣食品的视频，提醒学生饮食对健康的重要性。视频吸引学生兴趣，让学生关注本节课的教学文化目标是学习健康的饮食习惯语境。学生根据视频进入健康语境的篇章，在输入关于健康语篇的篇章后，进行输出活动，用英语评论健康的重要性，谈如何保持身体健康。

第三节　信息技术创设语境教学策略

维特罗克是美国心理学家，他总结了认知心理学家在人类认知和发展、能力、学习与教学等方面的经验，特别是信息加工心理方面的有关研究，提出人类学习的生成模式。他认为学习的生成过程是学生已有的知识经验（原有认知结构）与从环境中主动选择和注意的知识经验，并利用这些经验来理解和建构新的知识，生成最终学习目标的过程。维特罗克的"生成学习"是一个动态的、发展的过程，自始至终反映了学习过程中学习者与环境的多项性交互作用，学习者是有意识的、主动的。我们在教学过程中，课堂采用个别学习、小组学习等学习方式。

一、运用网络进行个别化学习

运用网络进行个别化学习是指根据学生个体特点，以发展个性为目标，以适应个人需要为原则，以学生自我管理和自主学习为活动方式的教学。信息技术环境下的学生自主学习过程中，学生把信息技术作为学习认知工具，信息技术环境为学生的自主学习提供了良好的条件，根据个体化的教学目标，学生进行探索与发现，寻找解决问题的方式，这样有利于培养学生的创新能力等。教学中具体体现在：教师利用网络设置学生不同的学习目标或教师提供不同的学习目标让学生根据自己的需要选择目标，学生在学习信息资源异常丰富时，能根据目标，选择适合的资源。学生可根据自己的学习水平、学习需要、学习风格等获取、加工、储存、应用学习信息，如网上讨论、探究性学习等。

二、小组合作学习

小组合作学习是指利用信息技术，通过小组和团队的形式组织学生进行学习的一种教学方式，学生利用信息技术分享想法、讨论成果、分析学习过程、分享个别学生的理念。小组合作活动中的个体可以将其在学习过程中探索、发现的信息和学习材料与小组中其他成员共享，或者同一小组的学生资源同其他组或全班同学共享。在小组学习合作中，学生之间为了达到小组学习目标，个体之间采用对话、商讨、争论等形式对问题进行论证，最终达到学习目标的最佳途径。利用信息技术，不受空间或时间的影响，学生充分分享资源，合作活动有利于发展学生个体思维能力，增强学生个体间的沟通能力和对其他个体间差异包容的能力。合作学习对于提高学生的学习成绩，形成学生的批判性思维、创新性思维以及乐观的学习态度等方面都有明显的积极作用。例如，教师以小组为单位布置学生课外探究学习任务，设计一个关于旅游的英语语境综合活动，学生通过网络查找资料，设定一个旅游活动，如介绍广州某景点旅游，内容包含旅游景点介绍、住宿等，学生通过分配不同的任务，最后由其中一名组员整合写成自己组关于旅游语境的研究成果。

三、其他多样的学习形式

利用信息技术可采用多种学习形式，在学习过程，教师和学生构成不同的身份和形式：

（1）竞争。教师根据学习目标与学习内容对学习任务分解，由不同的学生"单独"完成任务，看谁完成得最快。

（2）角色扮演。让不同学生分别扮演指导者和学习者的角色，学习者根据所学内容，提出问题，指导者对问题进行判别、分析或解决。在学习过程中，学生所扮演的角色可以互相转换。学生通过角色扮演与转换，加深对问题的理解，形成新体会，增加学生成就感和责任感。

（3）伙伴。学生为了完成某项学习任务而结成的伙伴，伙伴之间可以对共同关心的问题展开讨论与协商，从对方那里获得解决问题的思路与灵感。

（4）协助者。教师首先根据学生所学的学科与兴趣确定问题，教师引导其利用图书馆与互联网查阅资料，为问题解决提供材料和依据；教师协调学生之间的关系，让学生互相配合、互相帮助、共同完成学习任务；解决学习问题，最终成果可以是报告、展示或论文，也可以是汇报等。

在初三学习 *Body Language* 一单元时，教师给学生布置一个以小组为单位的课外拓展综合实践作业，以 *Body Language* 为语境设置六个命题，包括：

（1）对肢体语言的认识或看法，举例。

（2）对不同地区肢体语言的认识，举例。

（3）肢体语言的重要性，举例。

（4）我们周围有哪些方面用到肢体语言，举例。

（5）不同肢体语言的含义，举例。

（6）其他方面，举例。

要求：学生在六个命题中选择三个，按每个小组4~6人，组长分配任务，有的负责上网找资料，有的负责整合资料，有的负责版面设计，最后组长负责打包，整理写成报告，利用课堂进行成果展示，评出最优秀的一组。

实践操作中，师生结合信息技术使用不同策略，信息技术和课程结合过程如下：

（1）教师布置命题：利用课件布置六个命题。

（2）问题研讨：学生以小组形式先在课堂讨论本单元的重点知识，整理本单元有用的句子和短语，记录下来后回家输入电脑，整理笔记；学生根据命题选择本组研究的方向，组长分工。

（3）个体学习：课后，学生上网查找资料，下载资料，筛选有用的资料，上传给组长，组长合并资料，发给版面设计的学生，由他进行整体美化，再发回给组长进行修改。

（4）小组研究：教师帮助学生或学生自己打印出资料，各组根据打印的资料，利用课余时间进行修改、研究，形成本组最佳报告，学生的汇报成果形式多样，有的用Word文档、有的用PPT，有的用设计成Flash，报告中有图片、音乐、视频等。

（5）竞争提高：组长按已成报告进行分工，每组利用课堂展示，通过自评、小组评，评出优胜组，将它们的成果展示在课室的黑板上，进一步内化知识，理解语境中英语的运用，让每个学生分享成果，提高写作能力。

面对突飞猛进的信息技术，我们可以利用信息技术，为学生创设生动学习的语境,在创设语境时要最优化、最有效地利用信息技术。教学中师生共同探究,学生是知识的主动建构者;教师是组织者、帮助者、指导者和促进者;信息技术所提供的知识不仅是教师讲授的内容,更是促进学生主动构建新知识的对象;信息技术不仅是帮助教师传授知识的手段、方法,而且是教师用来创设情境,帮助学生进行合作式学习和交流,成为学生自主学习、探究的认知工具。总之,利用信息技术,有效提高学生英语语境写作素养,创造出自己的作品,提升学生综合运用英语的能力,为将来的学习生活打下良好的英语基础。

第六章
线上教学运用多模态语篇理论

第一节 线上教学的作用

2020年,广东省教育厅特印发了线上教学安排的通知,要求全省中小学校开展线上教学,学生不返校,在家学习。线上教育又称为E-Learning,即在线教育,指的是以网络作为介质,利用信息科技以及互联网技术,教师和学生通过网络开展教育教学活动。线上教育优点明显,学生可以借助网络课录播的回放,随时随地进行学习,打破时间和空间的限制,正如E-Learning的"E"代表电子化学习,它是一种有效学习、探索学习、经验学习、拓展学习、延伸学习、易使用学习、强化学习。

对于教师来说,尽管在之前就有线上教学的实践,但终究还只是作为课堂教学的辅助手段,面对面授课的线下课堂才是主战场。但是如今线上教学,特别是如此大规模、全面、彻底的线上教学走进了中国的千家万户,教师也从讲坛前的"园丁"变成了屏幕前的"主播"。线上教育能完成教育教学任务,也能培养学生英语学科核心素养,但是其时效性难以体现,比起学校课堂教学的不足部分也较多,线上教育的效用仍有待探索。但在特殊时期,教师需要利用线上教育进行学科育人,学生需要通过学科学习逐步形成正确的价值观念、必备品格和关键能力。

学生回校上课后，线上教学成了学校教学的辅助部分，有效利用线上教学，能进一步提高教育教学实效。当线上教学成了常态教学，我们就要考虑：通过线上教学能切实提升学生分析和解决问题的能力，从跨文化的视角观察和认识世界，对事物做出正确的价值判断，具备初步运用英语进行独立思考、创新思维的能力。培养学生学习能力，提高学生英语学习自我管理能力，从而养成良好的学习习惯。学生线上学习过程，能不断拓宽学习渠道，提高学习效率，树立正确的英语学习观。在学习过程中，学生能对英语感兴趣，明确学习目标，自觉利用多渠道获取英语学习资源，规划自己的学习时间和学习任务，选择适合自己发展的策略与方法，调整学习内容和进程。教师在实施教学的过程中，注意培养学生使用英语学习其他学科知识的能力，发展学生跨学科学习能力。

第二节 多模态语篇理论和框架

一、多模态语篇理论

不同的专家对多模态语篇理论有不同的描述。胡壮麟认为，模态是一种特定媒体表达信息、意义的特殊方式。朱永生认为，模态包含语言、文字、图像、颜色、音乐、动画等符号系统，是一种交流渠道和媒介。在我们的英语课堂教学中，语言是最主要的模态。韩礼德将人类交际过程中的语言功能归纳为三种元功能，即概念功能、人际功能和语篇功能，三种功能之间互相依托、互为补充，构建成一个整体意义。语篇功能是根据概念功能和人际功能，在使用语境和语言产生联系的过程中，通过语境决定说话人表达语篇是否完整的理论。张德禄认为，在媒体系统网络中，媒介是有意义的载体，意义系统为语言核心层次，包含概念、人际和语篇三种，语言既要体现一定的意义，还要根据意义组织语言。在多模态语篇中，意义的选择和建构取决于情景语境。话语范围决定概念意义的选择,语境基调决定人际意义的选择,话语方式决定语篇意义的选择。不同模态在语篇的建构中相互协调、相互联合、相互补充,共同体现话语意义。Kress和Van Leeuwen把多模态语篇定义为一种包含声音、文字、图像交换使用,能传递信息的语篇,文本融合图像、图标复合话语,选择任何一种及以上符合编码解释有意义的文本。江燕华把多模态话语解释为识别意义实体,在某一特定语境由多种符号共同构成这一意义实体。张德禄指出,多模态话语是运用语言、图片、动作等方式和符合的资源,通过听觉、视觉、触觉等多种感官进行交流的现象。语篇要有对应的语境,在语境层面包括文化语境和情景语境,和语境相关的资源会对模态的意义产生作用。总之,多模态语篇是融合多种模态资源,共同构建整体意义的语篇。

二、多模态语篇分析理论框架

线上教育中,教师使用最多的是PPT课件,PPT语篇的意义影响教学实效,为教师教学过程中有效使用图像模态、文本模态和图文模态,构建整体意义的语篇提供理论根据。

1. 视觉语法理论

韩礼德从概念功能、人际功能和语篇功能三种功能分析图像的视觉符号的语义关系。概念功能的意义层面是指不同图像之间、同一图像中不同成分之间有联系;人际功能的意义是指图像中参与者之间的社会关系、图像设计者的交际目的,图像解读者本身对图像内容的介入程度;语篇的意义层面是指分析多模态话语的信息分布。

Kress和Van Leeuwen的视觉语法理论提出图像能实现三个功能:再现意义、互助意义和构图意义(图6-1、图6-2)。Kress和Van Leeuwen提出,再现意义有叙事再现和概念再现,叙事再现中的图像描述了活动中的动作和事件以及变化过程;叙事再现指行动过程、反应过程、言语和心理过程。互助意义通过接触、社会距离、态度三个方式表达。接触为直接接触和间接接触,间接接触中,参与者提供给观看者相关信息;社会距离隐含参与者和观看者的关系是亲密还是疏远。态度表达对参与者所持的主客观态度。构图意义包括信息值、取景和显著性三种资源。信息值利用元素在构图中的空间布局体现,元素在图像中不同位置具有不同的含义。图片左边到右边表示已知信息到信息的呈现;

中间到边缘指主要信息向次要信息扩散;图片在下方和上方时,表示理想信息和真实信息。显著性指元素在图片中的突出与否,元素放置在前景或背景、大小、亮度、色彩等中能达到吸引注意力的效果。信息价值在教学PPT语篇中主要体现为左右型(已知—新信息)、上下型(理想—真实)、中心辐射型(中心—边缘)。在声画一体中,黄昌林指出,声音承担叙述说明,画面表示描写再现,声画是互补、一体的关系,也有互斥、互补和整合的关系。

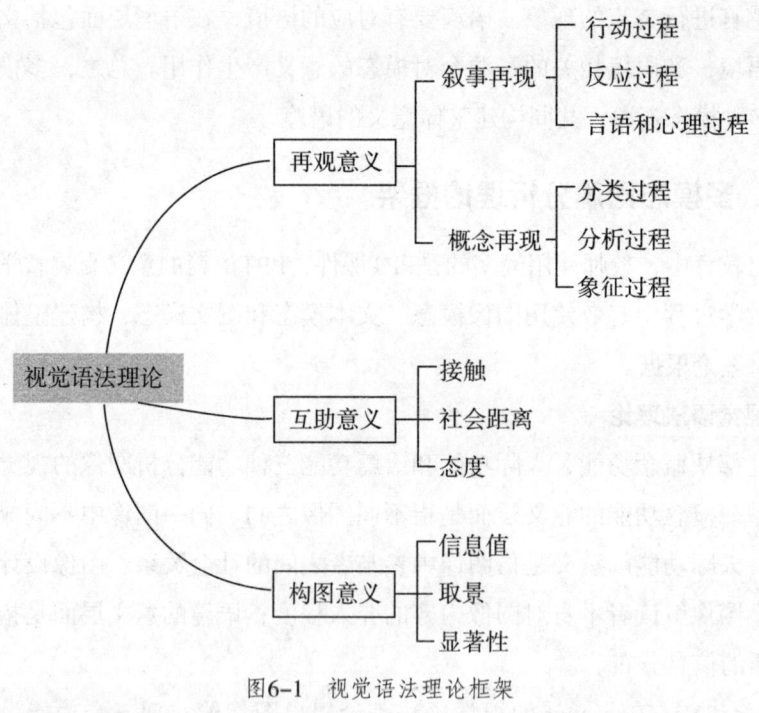

图6-1 视觉语法理论框架

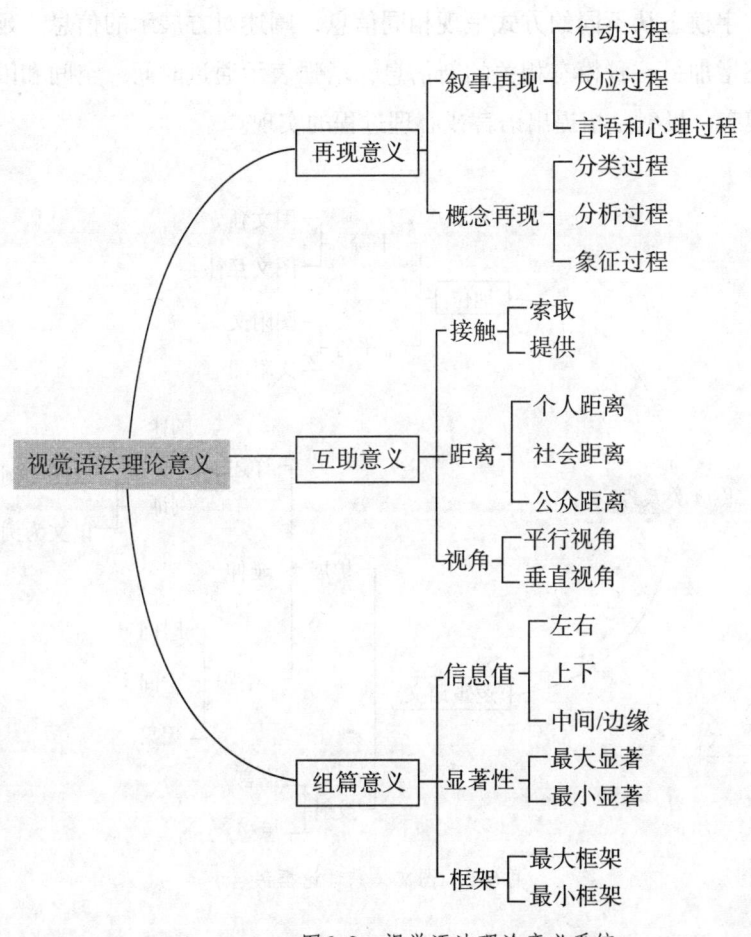

图6-2 视觉语法理论意义系统

2. 图文关系理论

Barthes提出图文地位论,认为图像和文字之间的关系有三种:锚定(文本支持图像)、说明(图像支持文本)和接递(文本和图像地位平等)。Kress 和 Van Leeuwen认为,图像具有再现、互动和构图三种功能。Martinec 和Salway创立图文系统论(图6-3),主要指结构上的图文关系,图文关系分为平等以及不平等关系。平等关系指图文独立和图文互补,图文独立关系是指图像模态和文本模态分别呈现信息;图文互补关系是指两种模态在语篇中为相互依赖和修饰。不平等关系是指图像模态和文本模态呈现主要地位和次要地位——图附属文或文字附属图。图附属文是指图像隐含语篇中文字信息。文附属图像是指文字说明图片描述的信息。图文关系理论还包含图文模态的逻辑语义关系,图像模态和文字模态从不同的方式呈现相同信息,阐述对方展示的信息。延伸是指一种模态增加另一种模态相关的新信息,增强表示通过时间、空间和因果增强另一种模态,投射是指提出语言或心理过程的实现。

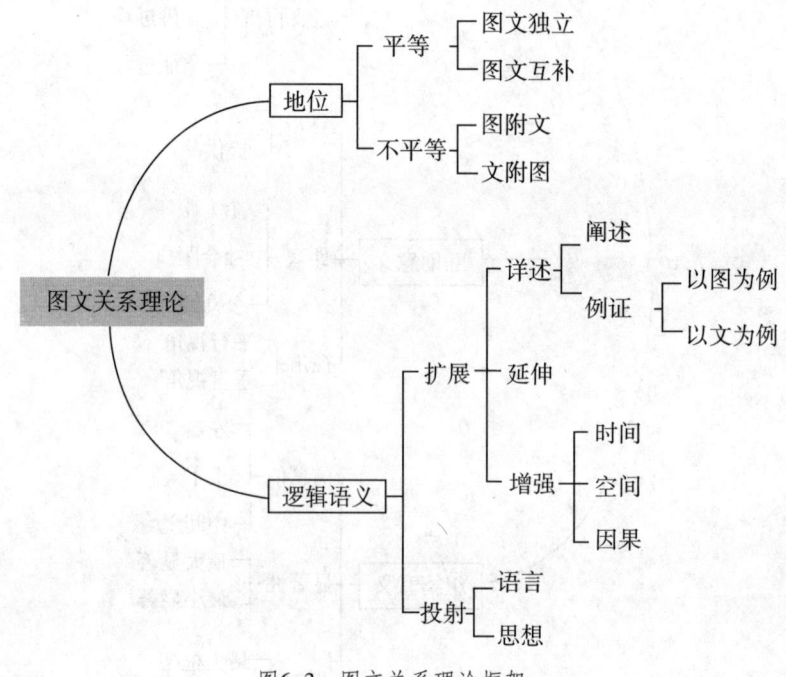

图6-3 图文关系理论框架

线上教学是在特殊时期进行的课程教学,教学的目标人群是我们的学生,线上教学课程具有多模态语篇的属性,线上教学利用网络平台,通过互联网技术,教师和学生开展的教学活动。教师使用电脑、网络平台、课件等进行教学;学生使用信息设备观看老师讲解。在师生交流中PPT课件起到很大作用,胡壮麟指出,PPT课件是信息的传递者,属于语篇类型。章伯成认为,PPT课件是语言语篇,同时它是语言、图像、声音、计算机、屏幕以及参与者等的有机结合,是集图像、图标、音频和视频等融于一体的多种模态。由此可见,英语线上教学是融合图像、声音和文字等多模态语篇形式,以视觉模态和听觉模态为主,涉及多种符号系统,如文字、图像和音乐等,使用多种多模态符号系统。教师在线上教学实质是多模态语篇的整合意义构建。

第七章

微型课程拓展语篇语境教学

第一节　在校本课程中实施微型课程

英语课程标准提出：鼓励和支持学科开发英语校本课程，学校应鼓励有条件、有较强学科知识和教学能力的本校英语教师，充分利用校内外资源开发校本课程。校本课程的开发应具有针对性、实用性和选择性，同时要利用丰富的网络资源及新出现的网络教学形式，确保校本课程的开放性和可持续性。

教师要重视学生语言学习的实践性、应用性和体验性，从真实社会问题中提出任务，让学生在真实的语境中，通过体验、实践、参与、探究和合作等方式进行学习，在完成任务的过程中，发现语言规律，在使用的过程中加深对语言的理解，提高语言学习能力。好的教育是为学生提供真实、丰富、有意义的生活体验，学生在体验和学习中构建结构化知识。

广州市中考英语改革更重视语篇，在广州现行使用的上海版初中英语教材中都是以话题形式编排教材的，话题要在具体的语境中进行训练。教材是实现教学目标的重要材料和手段，教师在实施教学过程中要把握教材特征，分析教材的语言特性，准确地理解教材内容的语境，有效地利用教材。根据英语学科的特点，采用微型课程形式，有效利用现有的教材，让学生在语篇中体验知识、运用技能、拓展能力，有效提高学生运用英语的能力。

一、微型课程的内涵

在实施课程的过程中，微型课程是教师与学生联合创造的，是教师与学生实际体验到的经验，课程知识是一个不断前进的过程，课程变革是教师和学生个性生长与发展的过程，课程中教师的角色是课程开发者。

微型课程由美国阿依华大学附属学校于1960年首先开创的，又称短期课程或课程单元，是在学科范围内由一系列半独立的单元（专题）组成的一种课程形式。它既能适应不同学生的兴趣与需要，又可以及时反映社会、科技的发展；既有主题又能体现学科课程的特点。它不是根据学科的知识以及逻辑体系来划分的，而是根据教师和学生的兴趣以及主体社会活动的经验、教师能力、社会发展的需求来编订的，也称为专题。

微型课程由一个科任教师在具体科目的教学中，根据所教班级学生的具体学习需要，带来学生开发并使用的、持续时间为数课时不等的班级课层面的、短时间的校本课程开发活动的小型课程，已达到满足所教学生的具体学习需要。

二、微型课程的特征

微型课程与学校长期的课程相比较，具有自己的特点，在开发微型课程的过程中，可以充分利用这些特征具体如下。

1. 灵活性、微型性

微型课程主要体现在课程内容的选择和课程形式的设置上，内容不受长期课程学科知识的系统性和逻辑性的约束，教师可以根据学生兴趣、现实需要来自由选择合适的内容开发成微型课程。在形式上也具有很大的灵活性，内容决定课程的开设长度，内容的特点决定课程实施的形式。

2. 半单元性，辅助性

微型课程的设计是根据学生的兴趣、社会生活的经验以及教师能力和社会需求来决定，而不是像长期课程中的固定单元。它由知识体系的逻辑性所决定，各单元之间具有知识上的层次性，微型课程与现行课程配合运用、互为补充，共同完成教学目标，达到课标的要求。

3. 校本性

微型课程实质上是学校校本课程的一种形式。教师不仅要考虑学生的兴趣以及知识在社会实践中的需求，还要考虑学校现有的师资状况——教师的能力、学校的资源配置等，所开设的微型课程不仅要具有学科特点，还要在学校所能承受的范围之内，符合学校的现实情况和特色。

第二节 校本课程下的微型课程教学实例

一、微型课程的理论

泰勒提出"选择教育目标—选择学习经验—组织学习经验—评价课程"的"目标为本"的原理，课程与教学系统所包含的共时态要素和历时态要素，可以是对过去经验的缩影，也可以是对现实状况的摹写，还可以是对理想状态的设计。教学中教师、学生、内容和环境等之间相对稳定的联系和作用方式，有助于培养思维素养和技能素养，有助于获得信息，形成社会态度，从而培养兴趣，具体体现在以下五个方面：

（1）语言能力——实践获得技能，给学生提供的学习经验必须既能使学生有机会实践该目标所隐含的行为，又能使学生有机会处理该目标所隐含的内容。

（2）思维品质——满足提升信心，使学生在从事教育目标所隐含的行为的过程中获得满足。

（3）学习能力——采用因材施教策略，所期望的反应是在学生力所能及的范围之内。

（4）文化品质——教学能达成的目标，有许多特定的经验能够用来达到同样的教学目标。

（5）有效发展——设计有效评价，评价要关注不同层次的学生，同样的学习经验通常会产生几种结果，不同学生会获得不同评价。

微型课程开发落实到行动上，主要包括规划、实施和评价三个相辅相成的环节，依次遵循"拟定主题""确定目标""选择内容""研制过程""实施课程"和"评价课程"六个步骤。

（1）拟定题目——教师要留意所教学生的学习状况与学习需要，引导学生根据主题，结合自己小组的情况，确定研究的题目。

（2）确定目标——依据一定的教学目标分类原理，对学生的预期学习进行明确、具体和简洁的表述，基础好的学校的学生让他们根据题目确定自己研究的目标，基础差的学校的学生让教师帮助他们确定目标或半目标。

（3）选择内容——根据英语课程标准和学业水平的目标，选择有利于实现课程的内容，研究内容需根据学生特长，把任务分到小组每个成员。

（4）研制过程——考虑如何有效根据内容，组织并选择适宜的教学策略，有利于学生学习，使课程过程易于实施，过程研究鼓励学生利用课本教材，通过网络或图书馆查找相关资料。

（5）实施课程——将规划好的微型课程落实到具体的教与学的活动中，教师要结合学生采取适宜的教学方法，保证教学质量，利用课堂时间，让学生把收集的资料进行整合、分类，删除不符合要求的，保留能达到目标的内容，整合资料，制成PPT等。

（6）评价课程——运用多种评价手段，教师获得大量反馈信息，提升自身课程开发能力，提升课程内涵品质，更好地满足学生发展的需要。根据每组学生展示的情况和研究过程中组员承担的任务，进行自评、小组评、他评和教师评，设定评价比例，得出最终评价结果。

二、微型课程关注引导学生多种学习策略

美国心理学家维特罗克总结了认知心理学家在人类认知和发展、能力、学习与教学等方面的经验，特别是信息加工心理的有关研究，提出人类学习的生成模式。教学活动实际上是一个动态生成过程，生成性过程不是一个简单的知识搬运、转移和重现的过程，而是在学习的生成过程中，学生依据自己已有的知识经验与从生活中得来的经验来建构、发现和领悟的过程。学生利用已有的经验来建构新的知识，生成最终的学习目标。学习过程中，学生有意识地、主动地获取知识，课堂学生生成过程中也可以看作是衡量教学是否成功的项目之一。微型课程的设计目的就是为了给学生创设体验学习，在语境中运用已有的

知识经验，构建新知识的发展能力。

1. 微型课程实施的研究过程运用多元学习方式

（1）运用网络个别化学习。个别化学习是以个体各自的特点为出发点，以适应个人需要为原则，以学生自我管理和自主学习为活动方式的教学。教师指导学生在信息技术环境下进行自主学习，指导学生把信息技术作为学习认知工具，教师利用网络设置学生不同学习目标，学生面对学习信息资源异常丰富时，能选择适合自己的目标，让学生根据自己的学习水平、学习需要、学习风格等获取、加工、储存、应用学习信息，如网上讨论、小组分工后查阅资料等。

（2）小组合作学习。小组合作学习是一种教学方式，它以小组为单位布置任务，在小组合作学习过程中，学生根据自己的特点选择任务。为了达到小组学习目标，学生分别通过网络查找资料，整合完成研究结果。在研究过程中，个体之间采用对话、商讨、争论等形式对问题进行研究，个体可以自己在学习过程中探索、发现，得来的信息和学习材料同其他成员共同分享，也可以同其他组或全班同学共享，在共同研究中达到学习目标。

小组合作学习有利于发展学生个体的思维能力，增强学生的沟通能力和对个体间差异的包容性。小组合作学习有利于提高学生的成绩，帮助学生形成批判性思维、创新性思维，改变学习态度。

（3）异质指导和评价。小组合作学习方式能让学生在相互交流和补充中获取研究资料，在小组展示成果的过程中采用异质指导和评价的学习方式，每个小组在其他小组展示时，记录其他小组根据目标陈述的内容值得学习和存在的问题，提出自己小组的看法，培养学生发现问题、分析问题、解决问题的能力。组间进行互评，从而达到学习有效性。

2. 微型课程课堂加强多方位活动方式

（1）竞争发展——在展示过程中实施有效竞争，促进学生展示能力，提高学生实际运用的信心。教师根据学习目标与学习内容对学习任务进行分解，由不同的学习者"单独"或不同的组合作完成任务，看谁完成得最快，如个体之间进行比赛、小组与小组进行比赛。

（2）角色扮演——在班上或小组中，让不同的学生分别扮演不同的角色，在学习过程中，扮演的角色可以互相转换。通过角色扮演与转换，学生加深了对不同问题的理解。学生相互解答问题，角色扮演增加了学生的成就感和责任感。

（3）伙伴合作——学生之间为了完成某项学习任务而结成的伙伴关系。伙伴之间可以对共同关心的问题展开讨论与协商，并从对方那里获得解决问题的思路与灵感。

（4）问题研讨——首先根据学生所学的学科与兴趣确定问题，组成协助小组，利用图书馆与互联网查阅资料，为问题解决提供材料和依据；学生之间互相配合、互相帮助，共同完成学任务；问题解决的最终成果可以是报告、展示或论文，也可以是汇报等。

三、微型课程教学实例

1. 微型课程教材来源于教材整合

以马斯洛和罗杰斯等为代表的人本主义心理学关注学生学习的情感、需要与信念等人格发展问题，关注学生学习过程中认知和情感的统一培养，关注学生学习潜能的发挥和自我实现，课程的目标在于促进学生的自我实现，设计要尊重学生，要为学生提供主动学习的情境，创造和谐的学习气氛。课程的内容要和学生基本需要和日常生活有关系，课程要促进学生的情感和理智发展。有效的整合课程包含情感与理智、个人与社会以及教材与学生生活的整合。

根据现行教材，每一个学期都是四个Module，每个Module有不同的主题，每个Module有两个单元，每个单元根据主题设置。

表7–1 初中英语课程主题一览表

年级	主题	内容
七年级（上）	My life	Making friends
		Daily life
	The natural world	The Earth
		Seasons
	Travels	Visiting the Moon
		Travelling around Asia
	Fun time	School Clubs
		Collecting things

续 表

年级	主题	内容
七年级（下）	People and places	People Around us
		Travelling around the world
	Man's best friend	Our animal friends
		Save the trees
	Natural elements	Water
		Electricity
	Colourful life	Poems
		From hobby to career
八年级（上）	Amazing things	Encyclopedias
		Numbers
	Science and technology	Computers
		Inventions
	Culture and history	Educational exchanges
		Ancient stories
	School life	Memory
		English Week
八年级（下）	Social Communication	Helping the people in need
		Body language
	Arts and Crafts	Traditional skills
		Cartoons and comic strips
	Animals	Save the endangered animals
		Pets
	Discovery	The unknown world
		Life in the future

续 表

年级	主题	内容
九年级（上）	Geniuses	Wise men in history
		Great minds
	Ideas and viewpoints	Family life
		Problems and advice
	Leisure Time	Action
		Healthy diet
	A taste of literature	The Adventures of Tom Sawyer
		Surprise endings
九年级（下）	Exploration and exchanges	Great explorations
		Culture shock
	Environmental problems	The environment
		Natural disasters
	Sport and health	Sport
		Caring for your health

2. 微型课程实施实际

英语课程标准提出，英语教学要开展跨文化教学，结合教学内容，引导学生了解中外文化的异同，增强学生对不同文化的理解力，对于文化特征比较明显、文化内涵比较丰富的课文，教师应该把握课文的文化内涵，确定文化教育目标，设计文化教育方法与活动，开展相应的跨文化教育活动。设计关于"Body Language""Traveling""Culture""Life"等主题的微型课程，通过中西文化对比，发展学生文化意识，培养学生文化素养。以下根据教材"Body Language"设计的《关于中西文化差异中肢体语言的研究》为例来说明（表3-2、表3-3、表3-4）。

表7-2 微型课程设计方案

课题名称	关于中西文化差异中肢体语言的研究		
姓名			
所教年级			

(1) 课程介绍

①课程背景。初二Unit 2 *Body Language*，本单元介绍肢体语言的重要性，不同的肢体语言表达的意思不同，不同肢体语言包含不同的眼神和打招呼方式。为了拓展学生对中西文化差异中肢体语言的了解。

②课程意义。学生对于某些肢体语言有所了解，但是对于肢体语言在不同国家文化中的作用不甚了解，在英语教学中引入肢体语言文化背景，让学生比较中西文化中的肢体语言，掌握不同肢体语言在不同文化中的作用。学生通过参与活动、合作学习，利用互联网进行探究学习，从而提高收集、处理信息，与人沟通的能力。

③课程介绍。本次微型课程由教材出发，教师整合教材，学生进行知识输入阶段，学习教材中关于肢体语言知识。了解中国和其他国家在肢体语方面显著差异，将各类不同的肢体语言的含义介绍给学生。在输出阶段，让学生课外收集资料，通过自己的参与实践，进一步了解中西肢体语言的不同含义，指导学生更加深刻理解肢体语言以及肢体语言在人际交往中的意义和重要作用。学生在展示中西文化差异中，学会正确的交往礼仪

(2) 实施课程目的和方法

①知识与技能。
a.篇章学习，掌握关于肢体语言的词汇。
b.用英语表达肢体语言，了解肢体语言的内涵。
c.采用多种方法收集资料、整理数据等。
②过程与方法。
a.学习教材内容，利用网络下载相关知识、上图书馆查阅等途径收集资料，并对各种资源进行筛选、整理。
b.合作、探究学习，完成相关展示的篇章。
③情感态度与价值观。
a.体验参与、合作学习的乐趣。
b.培养学生了解中西文化的差异，学会正确的交往礼仪和情感，关注中西文化。
④通过活动，增强相互关心、团结协作的集体精神，提升文化素养

(3) 教学对象分析

①初二的学生，活泼好动，好奇心强，竞争意识强，乐于探究。
②大多数学生家里有电脑，懂得上网搜索资料。
③学生的英语基础知识比较好。
④学生对问卷调查、采访等活动非常熟悉。
⑤学生对分析数据、绘制表格有一定困难。
⑥学生对研究问题有着浓厚的兴趣。
⑦学生对中西文化差异中肢体语言的认识还不深

续表

（4）课程目标与内容
课题研究所要解决的主要问题： ①哪些肢体语言在中西文化中存在差异。 ②形成差异的原因。 ③通过差异的比较，看两者的相融性。 ④对待差异的态度和方式。 通过以下内容的研究来达成这一目标： ①收集有关中西方肢体语言类型进行对比，找出肢体语言的动作相同点和差异点。 ②形成差异的原因调查及分析（文化）。 ③调查中国人现在运用什么样的肢体语言进行交流。 ④我们怎样看待，怎样对待西方文化的熏陶。 学生可能的选题内容： ①中西方肢体语言对比。 ②肢体语言在实际生活中的运用。 ③你喜欢中方肢体语言还是西方肢体语言。 ④对外交流肢体语言的使用礼仪
（5）课程预期成果及其表现形式
①制作相应的手抄报，描述不同时期的活动体会，来自自己、同组组员、他组以及老师评价形成的综合评价。 ②最终结果以PPT和电子书的形式呈现出来
（6）课程资源准备
①制作肢体语言的多媒体课件。 ②学校图书馆、电脑室、多媒体教室。 ③有关参考书籍。 ④评价量规。 ⑤调查问卷。 ⑥照相机
（7）阶段设计

研究的阶段	学生活动	教师活动	课时
第一阶段：动员和培训	①接触、讨论问题。 ②了解本次活动的学习目的。 ③学习了解本次综合实践活动的步骤、方法、要求	①呈现肢体语言课件，激发学生学习兴趣。 ②利用PPT介绍本次综合实践活动的步骤与方法	1课时

续表

第二阶段课题准备阶段	提出和选择内容	①讨论要比较全面地了解中西方肢体语言名称。 ②经过师生共同讨论,以学生最急于了解或最感兴趣的方面确定研究主题,如: a.中西方肢体语言对比。 b.肢体语言在实际生活中的运用。 c.你喜欢中方肢体语言还是西方肢体语言。 d.对外交流肢体语言的使用礼仪	①组织学生谈谈自己现实生活中使用肢体语言的感受。 ②与学生一起筛选主题,确定研究主题	2课时
	分配任务	①学生根据自己的专长和喜好确定自己的选题,并根据选题形成小组。 ②各小组成立后,选定组长,学习讨论小组合作学习评价量规。 ③根据自己的选题,进行小组分工,小组可以为收集资料小队、采访调查小队、科学实践小队等	①在学生自愿成组的前提下,合理调配各组成员,以利于能力较弱的学生也可以安排到工作。 ②制订合作学习评价量规提供给学生。 ③组织、指导学生小组讨论、小组成员分工	
	形成小组实施方案	各小组根据分工制订研究计划,分配研究时间,细分研究内容,制作调查表,预定成果等,共同制订评价标准	①参与学生的讨论,适时给予建议,为学生制订研究方案提供指引。 ②设计"调查记录表"为学生调查记录提供指引。 ③设计成果展示模版,为学生展示研究结果提供指引。 ④为学生提供研究结果的评价量规	
第三阶段:课程实施阶段		①收集资料活动。本活动采取的形式多样:完成调查问卷、上网下载资料、网络媒体沟通、上图书馆查阅。 ②头脑风暴。在网上就本小组的主题进行讨论,自由发言	①指导教师主动向各组了解所获得的信息资料	

续 表

第三阶段：课程实施阶段	③记录总结活动。各小组及时把当天活动内容集中起来，在小组长的组织下将所有资料进行综合整理。列出活动主要内容，写出简单的活动结论	②及时跟踪了解各小组活动进行情况，为学生出谋划策，当好参谋指导作用，让学生随着活动的开展，不断修改活动方案，调整活动方式，保证活动的顺利进行	3课时

（8）总结与反思

①各小组分组汇报自己的研究成果，可以把成果制作成PPT，也可以是一些照片、手抄报、调查报告等。
②各成员进行自我评价，由小组长整理汇报。
③小组汇报，小组自评。
④当所有小组成果汇报完毕，各小组还要对其他小组的活动成果展开评价。
⑤各小组长整理汇报本组的"被访者评价"以及"家长评价"。
⑥老师引导学生做出电子书呈现所有的研究成果。
⑦通过一系列的实践活动，充分锻炼了学生的各项能力，更为重要的是使学生对肢体语言这件看似简单却蕴涵丰富科学知识的事情有了深刻的认知，因为肢体与礼仪的内在联系，将我们引入了更多新的知识领域，让我们感受不同的文化差异

表7-3 微型课程个人评价表

课程名称		班级			
姓名		组长			
		评价内容		学生自评	小组互评
准备阶段评价（20分）	课程选定与职责承担	A.对选定的课题起主要作用，并主要起草了课题实施计划，承担了一定的课题小组的分工（15~20）。 B.支持课题的选定，并协助起草了课题实施计划，承担了一定的课题小组的分工（10~14）。 C.支持课题的选定，承担了一定的课题小组的分工（5~9）。			
过程评价（50分）	参加活动考勤	A.参加每一次的课题组的活动（8~10）。 B.参加三分之二次数以上课题组活动（5~7）。 C.参加二分之一以上次数的课题组活动（1~4）			

续表

		评价内容	学生自评	小组互评
过程评价（50分）	承担工作情况	A.积极按时完成小组分配的研究工作，态度认真（15~20）。 B.基本按时完成自己承担的责任，态度较好（9~14）。 C.在他人帮助下完成自己承担的工作，态度一般（1~8）		
	合作创新精神	A.与小组的成员合作意识强，勤于动脑思考，创新精神强（8~10）。 B.合作意识和创新精神有一方面较好（5~7）。 C.合作意识和创新精神都一般（1~4）		
	活动反思	A.对研究性学习活动收获、体会总结全面，反思到位，有书面总结材料（8~10）。 B.对研究性学习活动进行一般性总结，有收获，有材料（5~7）。 C.对研究性学习有总结材料（1~4）		
展示评价（30分）	研究成果	A.研究成果达到预期目的，成果表现形式恰当，有新意，结论还有一定的适用性（15~20）。 B.研究成果基本达到预期目的，成果表现形式较合理（9~14）。 C.成果表现形式尚可（1~8）		
	参与成果	A.主要承担成果表现形式的制作（8~10）		
		B.主要协助完成成果表现形式的制作（5~7）。		
		C.参与完成成果表现形式的制作（1~4）		
总评：				
教师评定：				

表7-4 微型课程小组评价表

组别	第一组	第二组	第三组	第四组	第五组	第六组	第七组	第八组	第九组	第十组
第一组										
第二组										
第三组										
第四组										
第五组										
第六组										
第七组										
第八组										
第九组										
第十组										
总评										

通过实践和研究，我们发现：根据语篇语境同时结合教材设计微型课程，学生能在课程实施过程中体验语言，有效地理解语言；在体验语言的过程中，实施不同的活动，促进了语言和文化的有效结合。在设计和展示成果过程中，学生更好地了解不同国家的文化，发展学生的跨文化意识与能力，促进学生思维的发展，培养了学生良好的文化素养，学生的核心素养在知识输出、技能运用和合作探究中得到培育。

# 第八章

发展性评价在语篇语境中的运用

英语课程标准提出"完善英语课程评价体系，促进核心素养有效形成"，英语课程要建立以学生为主体，促进学生全面、健康、个性发展的课程评价体系。评价旨在促进学生英语学科核心素养的形成及发展，评价形式采用形成性评价与终结性评价等相结合的多元评价方式，评价在于促学作用，评价要关注学生在英语学习过程中所表现出的情感、态度和价值观等要素，引导学生学会监控和调整自己的英语学习目标、学习方式和学习进程。

第一节 对发展性评价的理解

发展性教学评价不同于水平性教学评价和选拔性教学评价，它是一种重在过程的，重视评价对象主体性的，以促进评价对象发展为根本目的的教学评价。2004年广州市高中阶段学校招生考试中的英语考试改变了以往的唯笔试评价形式的传统做法，增加了英语口语考试新的评价形式。由于新课程功能的转变，评价的功能也发生着根本性的转变，评价本身不仅是检查学生知识、技能的掌握情况，而且关注学生掌握知识、技能的过程与方法以及与之相伴随的情感、态度与价值观的形成，更是体现现行发展性评价重视学生的现在，也考虑学生的过去，更着眼于学生的未来的前瞻性。发展性评价要注意以下原则。

一、发展性原则

发展性原则评价的作用在于，教学不是为了区分学生的优劣和简单地判断答案的对错，而是促进学生发展。教学评价不能只对学生的学习情况做简单的好坏划分，应该注重发展功能，强调其形成性作用。一次评价不仅是对一段活动的总结，更是下一段活动的起点、向导和动力。

二、学生中心原则

学生中心原则评价的主体和对象应是学生。所有评价活动的宗旨在于促进学生有效学习的进行，避免没有方向和低质量的评价。

三、全面性原则

全面性原则不仅能评价学生的学习，而且要以学生的各个方面为评价对象。要明确的是学生是人而不是接受知识的容器。人的一切活动，包括学习，都要受人的意识支配，所以教学评价就不能仅仅局限于关注学生知识的掌握，更要促进其兴趣、爱好、意志等个性品质的形成和发展。

第二节　听说发展性评价的实施案例分析

一、任务型的多元性评价方式

多元性来自多元智能理论（Theory of Multiple Intelligences，简称MI），它是世界著名发展心理学家、美国哈佛大学教授霍华德·加德纳（H.Gardner）于

1983年提出的，是一种全新的有关人类智能结构的理论，不仅要充分调动不同的评价主体开展评价活动，而且要尊重每个学生的不同意见，鼓励学生发表有创见的思想，特别是在有争议的问题上更要培养学生多元的思维能力，促进创新精神的形成和发展。在英语课堂教学中，他认为我们可以采用任务型教学评价，因为Task-based Project（TBP任务型项目学习）是基于Task-based Learning（TBL任务型学习）理论的一种评价形式。它强调用语言做事情，强调以完成任务作为学习的途径，任务型英语教学法是以"语言习得"为理论基础，以学生发展为教学目的的教学模式。例如口语教学，在英语课堂口语教学中，具体可以这样操作：教师让学生运用所学语言完成一项具体任务后，让他们用英语口头描述出来，鼓励学生大胆开口，接着教师给予评价。评价不是为了区分学生的优劣以及简单地判断答案的对错，而是为了激发学生的学习英语的动机和兴趣，增强他们说英语的能力，提高大胆说英语的自信心。评价后教师帮助他们调整学习策略，为下一步的学习任务打下一定的基础。

在教授广州牛津版6A Lesson 26这篇课时，由于这是关于介绍个人情况主题语境的文章，因此在课堂上布置了这样的任务：

根据所提供的问题，请口头评价Mr. Zhu：

（1）Why did Mr. Zhu say people could see history from his experience?

（2）Did he like being a soldier? Why?

（3）What did he think of being a guide?

为了使学生课后情况得到反馈，设计了一个课后任务（表8-1）：采访你的父母，根据他们的材料填写表格，自己进行总结，下一堂英语课时请用英语向其他同学讲述父母的经历，并根据所讲述的内容向其他同学提问题。通过任务评价（表8-2），评价学生学习完6A Lesson 26后，是否达到本单元的教学目标：

（1）能力发展目标——培养学生介绍个人情况的话题。

（2）思想情感目标——加深儿女和父母的情感沟通，体会父母的艰辛，学会尊重父母。

在设计评价学生完成这项任务时，根据发展性评价的理论基础，评价的核心是重视学生学习英语的态度、运用所学英语的能力以及运用语言知识和技能的过程，把学生看作学习的主体。学生通过评价，亲自感受到自己有能力做这件事，有能力开口说英语，能承担起学习的责任，具有收集信息、处理信息、运用信息的能力；能运用各种学习策略来提高英语口语水平，并对自己的学习过程和结果进行反思。

表8–1　课后任务调查Survey

Name		Date of birth		Birth place	
Speciality		Hobby			
Experience of study					
Experience of life					

表8–2　课后任务评价表

内容	家长评价	学生评价
在家朗读课文的情况		
对家长提问的态度		
问题提出的真实性		
课堂朗读课文的情况		
介绍父母的表达艺术		
问题的设计效果		

评价表根据语篇语境教学任务的不同提出不同的要求，任务评价贯穿于教学活动的始终，让学生带着任务去体会过程性和动态性的评价，让家长参与英语课外活动，在达成任务的过程中发挥评价的作用。

二、自我评价遵循学生中心原则

美国教育学家桑德在"人本化"的原理教育中提出要"从单纯的教师评价改变为学生进行自我评价"。库克（W.W.Cook）认为，最有效的评价是学生的自我评价，其次是教师与同学之间的评价。发展性教学评价指出评价要注重"学生中心原则"，即评价的主体和对象应是学生，所有评价活动的宗旨在于促进学生有效学习的进行，避免没有方向和低质量的评价。从中国学生用英语进行口头交流看，他们往往存在怕羞、怕讲错、不敢开口说英语的现状。因此有必要采用自我评价的方式。什么是自我评价呢？自我评价是指个人自我观察后按照自我确定的行为标准评判自己的行为。

英语课程标准中提到初三学生毕业英语口语要达到课程目标的第五级，第五级口语的语言知识和文化知识中的话题目标要求学生能用口语描述以下内容：个人情况，家庭、朋友与周围的人，个人爱好和理想，学校的学习生活和学习方法，旅游经历，中外节日和文化习俗，动植物与环保以及天气，购物，看病和饮食就餐等话题。这些话题都是和学生生活与学习息息相关的问题，教师可以把这些话题设计在自我评价中，让学生自己通过对学过的知识进行整理，明确自己掌握了哪些语言知识和文化知识，才能把已学过的有关知识和所学的新知识相结合，把这些知识灵活运用到口语交际活动中。

让学生建立有关口语的自我评价表（表8-3），在学生经过一阶段时间的英语口语学习后，让他们根据自己情况来评价自己。

表8-3 学生口语的自我评价表

序号	评价内容	满意	基本满意	需要努力
1	Be used to reading after the tape in class or after class			
2	Be able to imitate the speakers of the tape.			
3	Be familiar with the topics of the communications			
4	Be able to talk with the functional terms, such as making a telephone or seeing a doctor, etc.			
5	Answer the teachers' questions in class actively.			
6	Take part in communicating with your partners and be understood by your partners or teacher.			
7	Make oral compositions according to the materials given by teacher or other students			

这种自我评价可以一周进行一次或一月进行一次，甚至每一单元进行一次学生自评。

以广州牛津版《英语》教材6A Unit 4 *The World Around Us* 这一单元为例。根据英语教学要包含语言形式、语言内容和交际规则三方面的原则，设计以下学生自我评价表。

表8-4　广州牛津版《英语》教材6A Unit 4 *The World Around Us* 口语自我评价表

学生姓名：		时间：		
评价等级为：A优秀　B良好　C一般　D还需努力				
课内朗读课文情况	课内各类问题理解或回答情况	用自己的语言描述天气情况	课后朗读课文情况	对天气测量方法的了解
语音准确性 A　B　C　D	回答问题积极性 A　B　C　D	语言的准确性 A　B　C　D	完成情况 A　B　C　D	（本内容和评价为选作）
语调准确性 A　B　C　D	对问题的理解 A　B　C　D	描述的流利性 A　B　C　D	描述的流利性 A　B　C　D	
流利性 A　B　C　D	和同伴合作情况 A　B　C　D	描述的连贯性 A　B　C　D	朗读的效果 A　B　C　D	
连读和节奏 A　B　C　D	自己提问的情况 A　B　C　D	描述的扩展情况 A　B　C　D	跟读录音情况 A　B　C　D	
本单元口语总的自我评价和存在问题：				

首先，学生通过自我评价，调整自己的口语学习活动，明确每个口语阶段自己的学习目标及评价项目；其次，学生可以强化自身学习口语的过程，明确是否已经达到阶段目标、存在问题以及今后的努力方向，从而调动他们用英语进行交流的积极性，培养他们说英语的自信心，个人实施并制定新的口语学习策略。对于教师来说，可以根据学生自评发现学生英语口语存在的问题，教师经过分析，帮助学生找到产生错误的原因，同时也帮助老师确立新单元的英语口语学习目标以及学生发展的努力方向。

三、建立在全面性原则基础上的差异合作的评价

21世纪是人才追求自我发展和可持续发展的时代，更是要求人们学会学习、学会合作、学会沟通与协调，具有健全的人格的时代。因此评价要关注学生整体、全面的发展，不能仅仅关注学生学业成绩，而且要让每个学生在学习

中发扬长处、避其短或改其短处。维果茨基将儿童的最近发展区界定为："由独立解决问题所决定的实际发展水平与通过成人的指导或能力更强的同伴合作解决问题所确定的潜在发展水平之间的距离。"在他看来，儿童间的合作活动之所以能够促进成长，是因为年龄相近的儿童可能在彼此的最近发展区内操作，表现出较单独活动时更高级的行为。瑞士著名心理学家皮亚杰认为，社会经验知识——语言、价值、规则、道德和符号系统——只能在与他人的相互作用下习得语言。英语课程标准要求："把英语教学与情感教育有机地结合起来，促使学生互相学习、互相帮助，体验集体荣誉感和成就感，发展合作精神。"英语口语教学可以采用合作学习，对于英语的口语评价可以采用差异合作的评价。所谓合作学习，是20世纪70年代兴起于美国的一种教学理论与策略体系，是"指学生在小组或团队中为了完成共同的任务，有明确的责任分工的互助性学习"。差异合作评价以合作学习小组为核心，合作学习小组由4人一组组成。每组由优等生、中等生和差等生组成，每小组学生在学业上存在一定的差异，要求小组与小组之间总体水平基本一致，把"不求人人成功，但求人人进步"作为英语口语教学评价的最终目标和尺度，整个评价的重心在于大家合作，形成组内成员合作，共同分享评价成果。

"Protect Our Environment"是一堂口语实践课，课前一段时间要求学生根据教师所给的内容分工查找资料和整合资料。关于环境语境可从以下七个方面进行分组研究：

（1）空气污染和我们周围的空气状况.

（2）河流情况和石井河的水质状况。

（3）动植物生存情况。

（4）人类的健康状况。

（5）垃圾污染。

（6）从我做起，可以改变环境的具体做法。

（7）我们学校垃圾分类的处理方法等。

学生通过多种方法调查、收集资料，以小组为单位完成一篇资料收集后的文章，在课堂上用英语展示找到的资料并陈述解决的方法。让学生根据表8-5进行评价，部分学生受到一定的鼓励，把所找到的资料写成英语论文，并在区青少年科技论文比赛中获奖。

表8-5　关于环境语境差异合作评价表格

组长		记录员		发言者		
小组成员						
评价分类：A好　B一般　C需努力							
组别＼项目	第一组	第二组	第三组	第四组	第五组	第六组
计划制定（小组自评）						
查找资料的分工（小组自评）						
小组的合作能力（小组自评）						
提供资料的正确性（小组互评）						
知识、技能的应用（小组互评）						
解决问题的方法（小组互评）						
论述的条理性和准确性（小组互评）						
完成任务达到的发展水平（小组互评）						
结论的可行性（小组互评）						
今后改进的方面（小组自评）						
小组自我评价小结						
小组间的总评价						
教师评价						

在以发展性教学评价的全面性原则为前提，以学生的各个方面为评价对象。教学评价不能仅仅局限于关注知识的掌握，更要促进其兴趣、爱好、意志等个性品质的形成和发展，让学生真正领会到英语口语的交际作用以及和他人合作交流的重要性。

教师在评价学生课内或课外的教学活动时，可以采用任务的评价方式，让学生带着任务去进行口语交流；可以运用学生对自己的学习情况作自我评价，从中检验阶段目标，调整英语学习策略，树立新的学习目标；可以进行小组合作学习和差异合作评价，促进学生之间运用英语互相交流了解，增强合作精神，以适应未来社会的需要。事实证明，在语篇语境教学活动中运用以学生为本的学生发展性评价，有利于师生互动、生生互动、学生大胆讲英语，形成良性循环；能让学生享受英语学习的快乐，而不受分数的压抑，在英语口语的学习和交流过程中，习得良性的口语学习方法，提高学习能力，培养学生创新思维，培养学生合作精神，发展学生的个性，培养学生健全的人格，从而为学生的英语学习的可持续发展和终身学习打下良好的基础。

第九章
教学设计在语篇语境中的运用实例

第一节 教学设计的原则

我所在的学校是一所农村中学,生源复杂,学生的户口薄上虽然是写着"居民",但是学生基本上来自农村,他们中多数家庭的收入来自出租房子或做小本生意,收入不稳定,多数家长经常以工作忙为借口,对学生学习不够重视,特别是对英语的学习,平时很少配合教师监督自己孩子的学习,认为学生学习成绩的好坏是学校和教师的职责,与父母无关。学生缺乏管教和限制,多数学生沉迷于游戏和上网聊天等,学生学习目标不明确,自身的潜能得不到开发,缺乏学习兴趣。广州版的教材起点对于他们来说又高了一点,根据附近小学教师的反映:小学广州版教材最大的特点是词汇输入量大,语言知识多,虽然学生已经学习多种时态和其他的语法知识,但学生的笔头较弱,他们的学生在小学开始就出现很严重的两极分化。上中学以后,大部分学生缺乏学习动力,发现初中英语更加难学,学习的难度大,课后学生不愿意复习,课堂上应付学习,长期下去,成绩逐渐下降,以至于对英语学习真正失去了兴趣和信心。一个班学生的人数太多,这给我们的英语教学带来了很大困难。

面对问题,英语课程标准中提出:"学生的发展是英语课程的出发点和归宿，英语课程在目标设定、教学过程、课程评价和教学资源的开发等方面都突出以学生为主体的思想。"在教学中要坚持"突出学生主体，尊重个体差异"的基本理念，实施"分层教学"就是要根据英语课程标准的要求尊重学生个体差异，对不同层次的学生进行因材施教。教学设计是实施有效课堂教学的前提条件和指导思想，行之有效的教学设计能帮助每一个学生有效学习，从而使学生自己的潜能在知、情、意等方面得到很好的发展，因此教学设计中必须注重分层教学的设计。其遵从以下四个原则。

一、主体性原则

新课程要求在教学目标设定、教学过程、课程评价和教学资源的开发中都要突出以学生为主体的思想。我们在学习生活中，要注意发挥教师教的主导性，学生学的主体性。根据不同的学生使用各种不同的教育教学措施，使学生自觉、积极、主动参与学习，让学生自主学习，培养学生的独立性和主动性。

二、发展性原则

新课程要求教学设计要符合学生生理和心理特点，遵循语言学习的规律，力求满足不同类型和不同层次学生的需求，使每个学生的身心都能够得到健康的发展。因此课堂上根据学生的实际情况，课堂教学尽可能让不同学生感兴趣，开发保护学生自尊和学习热情的话题，在今后教学中使学生能够体现自我发展的空间。

三、层次性原则

苏联教育家苏霍姆林斯基说得好："好的学习成绩这个概念本身就是相对的：对一个学生来说五分是成绩好的标志，而对另一个学生来说三分就是很大的成功。"由于我们进行大班教学，一个班级的学生有五十人左右，因此教师在设计教学设计时要从实际出发，根据学生知识和能力基础以及学习的兴趣区别不同的学生，制定各种目标和内容，使各类学生学到相应的知识和技能，得到相应的提高。

四、针对性原则

苏联大教育家巴班斯基这样认为，教学形式的最优化即坚持个别教学，分组教学和集体讲授三种教学形式的最佳结合。对于不同的学生应采用不同的方法，如对于层次低的学生采取"低要求、多鼓励、多辅导"的教学原则，对层次中等的学生采用"重基础、多激励、多练习"的教学原则，而对层次较高的学生采用"强能力、注查缺、重综合"的教学原则。

第二节　广州牛津版《英语》教材6A Lesson 22 Part I 和Part II 教学设计实例

一、教学对象分析

（1）学生是我初三才接手的，所教的学生都来自农村，学生学习英语的环境和条件较差，学生实际的英语基础参差不齐，两极分化严重，特别是初三（1）班有十一学生基础相当差，学习积极性不高，其他学生学习英语热情较高。学生通过初中过去两年的学习，已经对英语有一定的感性认识，并积累了一定的语言材料，因此相信通过合作学习，分层教学和检测，可以从情感上树立英语学习困难生的信心。

（2）学习本篇课文前，学生在前五册已经学习过八种时态，且在第五单元复习了部分时态，Lesson 22的重点是复习过去进行时，大多数学生已经能够说出过去进行时的结构，优等生已经能够在笔头上较为熟练地运用，但是学习困难生在具体的口语交际中和笔头仍然使用不够熟练甚至不够准确。

（3）在学习本篇课文前，学生已经在其他学科中学习了有关火灾的知识，但是在英语课上还是第一次学习有关火灾的知识，学生学习的兴趣应该比较浓厚，相信能够借助图片、情景和上下文猜测词义。英语学习困难生能够在优等生的带动下运用英语进行简单的交际和笔头描写，提高优等生综合运用英语的能力，进而提高全体学生的听、说、读、写的能力。

二、教材分析

本单元是初中英语教材（*Success with English*）Book 6的第六单元，Lesson 22是本单元的第二课，教材语篇是关于安全语境的，其中包含火灾和学生在学校的生活内容，第1部分和第2部分通过听、说、读、写的方式复习过去进行时的用法，培养学生用英语描述事件经过的能力。第3部分通过对used to 和 didn't used to 的学习，训练学生比较新旧事物的能力。根据学生的实际情况，我只让学生学习第1部分和第2部分，包括Part I：对话一段；Part II：图片理解，2个短语以及6个理解题。课文句式简单，生词不多，理解难度不大，我通过网络下载*Dry Scotch Pine Tree Fire*的火灾现场以及一些救火的现场图片，旨在吸引学生学习的兴趣，在图片中学习词汇和句子以及运用句型、单词和词组进行口头交流，在情感上引起学生注意防火安全的意识，培养学生的概括能力和描述事件的能力。

三、教学目标

1. 语言知识目标

（1）初步掌握下列词组：on fire，put out。

（2）复习巩固过去进行时的用法。

（3）能够掌握课文的重点句。

（4）能在篇章中运用语言知识。

例如：

（1）When I was watching, I suddenly heard a lot of noise in the street, I looked out of window and saw thick smoke coming out of the building on the corner.

（2）A group of fire-fighters were trying to put out the fire with water.

（3）They were standing at windows and calling for help.

（4）Several doctors and nurses were taking care of anyone who was hurt. etc.

2. 语言技能目标

培养学生用英语获取信息、处理信息、分析问题、解决问题和综合归纳知识的能力，能够用英语思维表达和火灾相关的话题，运用所学的知识描述火灾的能力。具体为：

听：能听懂关于火灾报道的录音材料，并能够完成有关火灾报告的表格。

说：能够用所学语法进行口、笔头交际，报道一次火灾的现场。

读：能够理解课文内容和课文结构，能就课文内容进行问答。

写：一般学生能够根据课文改写，用准确的语言描写火灾现场的情况，优等生能够用英语总结如何防火。

3. 文化意识目标

学生通过相关语境的短片、图片和课文的学习，了解火灾的知识和一些简单的防火知识。

4. 情感意识目标

（1）学生增强防火的安全意识和遇到火灾自我保护意识以及自救的方法。

（2）各层次学生通过自我评价，体验用所学语言知识进行交流的成功喜悦，培养合作和互助精神。

5. 学习策略目标

学生通过完成课堂的各项任务，自己解决问题和小组讨论，培养自主探究学习策略和合作学习策略。

四、教学重点和难点

1. 重点

（1）（全班）能够理解课文的内容。

（2）Level A（基础较差的学生）：正确理解并应用过去进行时，熟练运用过去进行时描述火灾现场。

（3）Level B（基础较好的学生）：在口头和笔头上报道火灾现场，并用英语设计防火的具体措施。

2. 难点

能得体的运用英语在口头和笔头上报道火灾现场，报道中能正确使用语言知识。

五、教学策略

本节课以英语课程标准为依据，综合使用听、说、读、写等方法，相互结合，归纳总结，采用启发式和任务型教学方法。学生通过讨论引出话题，参与竞赛游戏总结语言知识点，激发他们积极参与英语学习的积极性，活跃课堂学习气氛；渗透广州市中考题型，注重分层教学，引导学生运用小组合作的学习策略，促使学生课堂上用英语进行交流，指导学生进行自我评价，自主研学习。本节课采用"PowerPoint"软件制作成课件，从网上下载了*Dry Scotch Pine Tree Fire*的火灾现场以及一些救火的现场图片，运用语篇多模态教学，吸引学生学习，加深对课文的理解。

六、教学过程

Task 1：导入的任务设计（4min）

1. Revision

Ask the students some questions to review the present perfect tense.

（1）Have you ever been to Beijing? Where have your family visited?

（2）Have you ever seen a fire in some place?

2. Leading in

（1）A short film："Dry Scotch Pine Tree Fire".

（2）Discussion：

① What happened to the pine tree?

② When this kind of thing happens, what should we do? etc.

（设计思路：利用火灾的短片引起学生的注意力和学习的兴趣，引出本节课的教学语境和教学内容"A fire"，同时让学生在开始学习前意识到火灾的危害性，注意防火安全。由语言能力发展到思维品质。）

Task 2：输入阶段的任务设计

1.Presentation：（3min）

Use the multimedia and let the students talk about the pictures and learn the new words "on fire, put out". From the pictures, the students know how firefighters put out fire and save people from fire.

（设计思路：由于我校学生基础较差，所以通过图片，在教师的引导和提问下，让学生了解课文里的单词，让他们初步了解大意。Level B通过图片，能基本描述救火的过程，培养他们自主学习的能力；Level A能够掌握新学的词汇以及回答简单的问题。）

2. Listening（5min）

（1）Students listen to a story about a fire and fill in the blanks.

（2）Check the answers.

（设计思路：听取信息是广州市中考听力必考题型之一，在提高学生听的技能的同时，加强学生对中考题型的训练；学生完成表9-1，了解课文大意；根据表9-2进行自我评估，评价自己在Presentation任务的学习情况。）

表9-1 关于火灾语境学习表

What happened?	A building was _____ .
When did it happen?	It happened at _____ o'clock.
Where did it happen?	The building on the corner close to Yongxian's _____
How long did it last?	It lasted for _____ minutes.
How many homes had been burnt?	_____ homes had been burnt.
How many people were seriously hurt?	_____ people were seriously hurt.

表9-2 自我学习情况评估表

Self-Assessment in this task：_____
A. Excellent   B. Great   C. OK   D. I need to work hard

3. Reading（10min）

Read the text and answer the questions. First, Students do it by themselves. Then ask and answer in pair. Second, check the answer with the whole students.

（1）Here are the questions：

① Have many people at school heard about the fire?

② What time did the fire start?

③ Where was the fire?

④ How did Yongxian know the building was on fire?

⑤ Did it take long to put out the fire?

⑥ Was anyone hurt in the fire?

（2）A game：Make conclusion about language points（3mim）

Students work in groups and discuss the important language focus in the text.

[设计思路：引导学生进一步对课文细节进行理解，达到自主学习研究，总结语言知识的目的，掌握作者写作的思路以及描述火灾情景的细节，为下一个任务作好铺垫。Level A回答问题时候用简答；Level B必须运用完成的英语句子。完成自我学习评价表（表9–3）。]

表9–3 自我学习情况评估表

Self-Assessment in this task：_____
A. Excellent   B. Great   C. OK   D. I need to work hard

Task 3：输出阶段的任务设计

1. Writing and Speaking （10min）

Discuss the picture from Part II in groups and write down what the picture is talking about. Then let some groups report their compositions about the fire to the other groups and see which group is the best.

[设计思路：训练学生用所学英语讲述有关火灾的事情，培养学生的写作能力和口语交际能力，通过评价小组的成果，促进学生自主合作学习的能力。在讨论过程中Level B提示Level A进行讲述。完成小组评价表（表9–4）。]

表9–4 小组评价表

Group Assessment in this task：_____
A. Excellent   B. Great   C. OK   D. I need to work hard

2. Have a test （8min）

Level A：Translate into English.

谈论　看电视　许多　附近　从……出来　着火　最好作某事　跑出来
灭火　经过　尽可能快　站在……旁边　叫救命　一些　喊叫　抬出
照顾　填满　向外看　一群　如此多

Level B：Fill in the blanks.

Peter and Paul p_____ by a small house on their way home late at night. They saw thick smoke c_____ out of its window. " It's on f_____ ." said Peter. The two boys ran a_____ the road s_____ "Fire! " "Fire! " They k_____ on the door of the next house. They asked them to t_____ the police and firemen. They ran back to the house. They saw t_____ the window an old lady sitting in an arm-chair. She was so old t_____ she couldn't move. Peter and Paul tried hard to carry her out of the h_____ and s_____ they did! Some neighbours came and helped t_____ some things out. In no time the firemen a_____ as well as the policeman. The fire was p_____ out. The old lady cried sadly b_____ she was not hurt. She t_____ Peter and Paul again and a_____.

［设计思路：学生完成自我评价表（表9–5），评价学生在学习完课文后的情况，分层检测，巩固所学词汇，促进优等生根据语境灵活运用所学词汇的能力；让不同层次的学生体验学习的成功，同时能及时了解学生学习情况。］

表9–5　学生自评表

自评项目	A（Excellent）	B（Great）	C（OK）	D（Need to work hard）	What I have learnt	Problems
掌握过去进行时的用法						
听（听取信息的掌握情况）						
说（回答问题和图片描述）						
读（对课文和问题的理解）						
写（描写火灾现场的情况）						
检测（学习反馈情况）						
小组合作学习参与情况						
对火灾现场和防火的了解情况						

Task 4：作业（2min）

Level A：Rewrite the passage or write a passage about Part 2。

Level B：Write a passage about some ways that people can protect a fire.

七、教学媒体设计

（1）准备6A BookA和6A BookC，图片、电脑和投影等。

（2）用"PowerPoint"软件制作成教学课件。

（3）下载视频*Dry Scotch Pine Tree Fire*。

（4）完成学生自评表。

八、课后反思

本节课根据学生的实际情况，按照语言学习循序渐进的原则和根据任务型教学的原理设计和实施教学，注重小组合作、分层教学、学生评价，充分体现了以学生为主体、教师为主导的原则。学生兴趣浓厚、积极性高，课堂气氛较好，能完成预期各项教学目标和英语课程标准的要求，体现英语课程标准的理念。具体而言，有以下特点：

（1）课堂一开始，引导学生进入学习语境，观看关于火灾的视频。学生对于下载的*Dry Scotch Pine Tree Fire*火灾现场视频以及一些救火的现场图片，产生了浓厚的兴趣，学生讨论积极，意识到防火安全的重要性。

（2）任务导入部分的听取信息和检测中优等生的综合填空，结合广州市中考题型进行训练，注重听力考试学习策略的指导和优等生综合运用语言知识的培养。

（3）整节课以学生参与、合作和探究为出发点，为学生由浅入深学习英语，形成有效的学习策略，搭建自主学习的平台，如任务导入部分的语法总结采用比赛的游戏方式和根据图片口头与笔头描述火灾现场等。

（4）在评价和作业中注重分层教学，促进不同层次学生的良性发展。由于学生基础参差不齐，整节课不能用全英语教学，学习困难生虽然在检测部分，基本能用英语讲出短语，但是整体上看他们比较依赖优等生，在输出阶段的任务设计中"Writing and Speaking"部分，英语学习困难生参与学习的积极性不高；优等生在检测中对于动词的各种形式掌握不够牢固，这需要在以后的学习中加强基础知识的训练。

九、课例评析

教学设计符合我校学生的实际，能关注学生需求，教学中适当运用多媒体进行教学，导入生动，能激发学生学习的积极性。以图文结合的方式让学生学习新词，能采用分层教学法，注重学生的认知发展水平，教学条理清晰，内容由浅入深，教学方法多样，采用任务型和合作探究教学方式，关注学生的评价，强化学生的听说读写训练。

第三节 分层教学设计的具体要求

一、根据实际情况对教学对象进行分层

使学生养成良好的学习习惯和形成有效的学习策略是英语新课程的重要任务之一。对学生进行分层是进行分层教学的第一步。教师应加强对不同学生学习策略的指导，让他们在学习和运用英语的过程中逐步学会学习，在教学中尊重每个学生，保护他们的积极性和自尊心。根据学生在我校的英语成绩（以后根据实际情况再进行调节）以及学生对英语学习的信心、毅力、兴趣和内在潜力来划分学生层次，由于比较注重后者，希望给学生更大的发展空间，把学生划分为 Level A 和 Level B 两个层次。为了鼓励低层次的学生，把学习英语不自觉，基础差，接受能力慢，有的在英语学习上有学习障碍，有的是对英语学习不感兴趣，怕困难、怕记忆英语的学生分为 Level A。由于我校优等生的比例相对较少，因此把基本功扎实，成绩较好，和成绩一般，基础不扎实但是对英语学习有浓厚兴趣，接受能力较强，潜力较大的学生分为 Level B。

二、根据具体教学目标进行分层设计教学任务

教学目标是教学活动预期要达到的结果，是教学活动的出发点和归宿，是

课堂教学的灵魂,是评价教学活动的重要依据,因而根据个体差异,针对不同层次的学生需设计不同的教学目标。例如,以Lesson 22的教学设计为例:Level A能正确理解并应用过去进行时用英语描述火灾现场。Level B能用口头和笔头报道火灾现场并能够用笔头英语设计防火的具体措施。不同的教学目标对不同层次的学生会产生更加有效的教学效果,对于层次高的学生来说会产生更高的期望,促进他们综合实践能力和尝新思维的发展,层次低的学生不会因为目标太高,认为达不到要求而产生自卑心理。一般教学目标设计为:A层次的学生是以掌握基础知识为主,重点掌握教材语言内容,提高他们的学习兴趣和学习信心,提高他们听、说、读、写方面的语言技能,逐步学会运用英语;B层次的学生在全部掌握教材内容的基础上,培养他们的自学能力、学习习惯甚至能够自己总结所学知识,发现问题并解决问题,综合提高听、说、读、写方面的语言技能,能够在小组合作中充当小老师的角色,帮助A层次学生实现目标。

三、课堂教学内容分层设计教学活动

正确的合乎教学目标的教学学习内容是教学目标实现的基本保证。教学内容包括语言知识的学习和语言技能的培养,在教学中,要求把语言知识落实在听、说、读、写的实践中,提高听、说、读、写的质量。

美国心理家布鲁纳指出:"教学过程是一种指出问题和解决问题的持续不断的活动。"在教学活动中学习具体的教学内容,这里的教学内容主要是指语言知识,教学设计要根据不同学生的认识水平,让不同层次的学生在教学活动过程中学习不同的教学内容,完成不同的教学任务。广州牛津版英语教材的语言知识可分:①基础的语言知识,包括每篇课文的新单词、短语、日常交际用语;②重点语言知识点以及一些重点句子;③难点知识、综合运用语言知识以及创新发展所学知识。

基础知识要求所有学生都能掌握,A层次的学生掌握第2点的部分知识,B层次的学生要求熟练地掌握所学的所有内容和重点,突破难点。

1. 语言技能方面

英语新课程要求科学设计教学过程,帮助学生通过各种渠道获取知识,加速学生知识内化的过程,使学生能够在听、说、读、写、看等语言交际实践中灵活运用知识。

（1）在听的方面，设计A层次的学生能听懂大意，基本抓住关键词，B层次的学生必须听懂文章大意或理解课本对话内容，能口头回答所提出的问题。B层次的学生在听取信息部分，除了完成A层次学生填写单词外，还要用英语讲述所听到的内容。

（2）在说的方面，设计B层次的学生能灵活运用语言材料，根据语言发表看法或进行评论，A层次的学生能用文章中的重点句子进行讲述，或通过B层次的学生的帮助，复述课文或描述类似所学教学内容的图片。

（3）在读的方面，设计A层次的学生能在教师和同学个别单词的提示下把课文读出来，B层次的学生能正确地运用语音、语调朗读一篇所学文章，读的过程中注意节奏、重音和感情等。

（4）在写的方面，设计B层次的学生能在指定的时间内根据作文要求完成作文，这类作文有时是图片，有时是表格和中文提示等，掌握各种体裁的文章写作；A层次的学生可以得到同组B层次的学生的帮助或根据课文改写等，字数比B层次的学生少。

（5）在看的方面，两个层次的学生在学习过程中能根据自己的实践情况，看懂各种视频、图像和读懂题目，能从视觉模态领悟学习的内在，看到问题，解决问题。

2. 语言知识方面

（1）词汇要求：全体学生能够掌握新词组"on fire，put out"；对于A层次的学生要求复习巩固过去进行时的用法以及一些重点句子掌握部分的重点句："I saw thick smoke coming out of the building on the corner. A group of fire-fighters put out the fire with water. They were calling for help."等有关火灾和救火描述的句子；而对于B层次的学生来说在教学过程中要求熟练地掌握所学内容、重点和难点。

（2）对课文的要求：A层次的学生理解 Lesson 22 Part I 课文的大意，简单回答问题；而对于B层次的学生在回答问题时需要说出完整的句子，能独自总结语言知识点，灵活地根据课文内容的短语以及语法或语言知识点口头描述 Lesson 22 Part II 中不少于10个句子，并协助自己组A层次的学生用不少于5个句子描述 Lesson 22 Part II。

总之，设计教学内容时要注意：对于好学生，要强调新旧知识的综合运用，培养他们的综合思维能力，全面提高其技能，学会运用所掌握知识进行分析，能用英语发表看法；要解决学习困难生最根本的教学内容问题，不让他们掉队，激发他们能自觉参与学习。

四、根据学生能力进行作业分层教学设计

教学设计中还包括作业的设计，作业是用来检查学生听课效果和巩固课堂所学知识，也是针对旧知识进行查漏补缺，为下一节提供复习反馈和调整教学进度的依据，分层练习是分层教学的重要环节之一。从学生的实际情况和个别差异出发，依据不同层次学生所掌握的知识内容布置相近或不同的作业，有时作业也可布置相同的内容，如B册的练习题等。教学设计中的作业让B层次的学生在作业中提高综合运用知识能力，学会利用教学资源进行查找、总结、再生知识；A层次的学生通过作业继续理解掌握课堂教学的基础知识，不会因为英语作业太难而不会做。在教学设计中，一般A层次学生的作业多为抄写短语，默写课文句子，因为初三的缘故，平时也布置作文题，但只要求70～80字，写作文前可以参考B层次的学生；B层次的学生的作业多为根据新短语造句、阅读理解和作文。

五、评价分层教学设计反馈学生习得情况

评价是英语课程的重要组成部分，是实现课程目标的重要保障，教学设计中必须考虑到教学评价，教学过程的评价设计包括三部分：

（1）准备性评价：评价了解即将开始学习是否具备必要的基本技能。

（2）形成性评价：设计在教学过程中了解学生的进展情况和所达到的水平。

（3）总结性评价：对整个过程教学做出评价。

教学评价不仅应依据教学的不同阶段来进行设计，而且针对不同层次的学生所要求的教学目标和教学内容进行设计评价。例如以Lesson 22教学设计为例，不同活动任务设置不同目标：

（1）在输入阶段的任务设计中，根据教学内容，A层次的学生能够掌握新学的词汇以及简单的回答，信息听力理解只要写出三个就可以评为A等。B层次的学生通过图片，能基本描述救火的过程，信息听力理解只要写出五个以上才

能评为A等。

（2）在输出阶段的任务设计中的总结性评价，A层次的学生根据是否能够写出课文中的短语多少进行评价，而B层次的学生根据综合填空的检测进行评价。根据英语新课程设计评价必须有利于学生自主的个性化和多元化的发展，要保护学生的自尊心和自信心，关注学生个体的处境与发展，不同层次的学生了解自己所处的发展状态，体验进步与成功，从而产生学习的动力。

六、教学任务活动关注合作学习，推进分层学习成功感

教学设计模式中"任务式"是经常采用的教学模式，"任务式"教学模式强调教学过程，鼓励学生有效地使用语言，在教学活动中充分调动学生的自主性、能动性和积极性等。合作学习是"任务式"教学模式经常出现的学生自主研讨的交流方式，即"以优带差"的方法，以"Pair work"和"Group work"为主要形式，让不同层次的学生进行交流，在交流学习过程中，不仅能提高学习困难生的学习成绩，而且能巩固优等生的语言知识，还能增进同学之间的感情，增强学习气氛。在Lesson 22的教学设计中不同合作探究学习方式如下：

（1）在输入阶段的任务设计中的Reading采用了"Pair work"，在Game中运用了"Group work"。

（2）在输出阶段的任务设计的writing and Speaking中又采用"Group work"，最后的评价也有对"小组合作学习参与情况"进行评价。

教育教学主体是人，关注个人发展，在教学设计中注重分层教学的设计，把教学设计实施到教学过程中，教学会更加有针对性，调动了学生学习英语的积极性，使他们主动参与学习，使学生学有所得和个性发展，让每一位学生都能在不同程度上体会到学习成功的喜悦，特别是英语学习困难生，克服了过去的自卑心理，重新树立起了学好英语的自信心，使英语教学任务顺利完成，从而有效地提高英语教学质量。

下篇
培育"以人为本"的英语学科核心素养

　　学生发展核心素养关注点在人的能力和品格,从心理学看来,能力是人的智力因素,品格是人的非智力因素,智力因素和非智力因素结合才能塑造一个人完整的精神世界;从文化角度看,能力是人在学科维度上的素质,品格是人在人文维度上的素质,一个健全的人必须具备科学精神和人文情怀。教育是培养人的活动,教育的真谛在于让学生有价值感,人是教学的出发点和归宿,人的利益高于一切,一个真正的人必须是德与才的和谐统一。在教学活动中,知识、技能的传授固然重要,但是教育的本质的内在性是培养学生强烈的价值感,让他们成长为有意义、有价值的人。教育教学上以学生为中心,教师要高度关注学生的学习状态,要关注学生的学习情绪、学习过程是否参与活动,是否能和别人交往完成学习任务,课堂是否能够积极围绕问题进行思考,思维能力是否能够得到发展,学生是否能在已有的知识基础上生成促进个人成长的能力等。教师发展学生英语学科核心素养,同时还要关注学生作为人的发展,才能真正培育学生的核心素养。

第十章

传统文化塑造人的品格

第一节 学生心理健康问题

随着社会的发展，由于学习压力、父母关系、同学关系等问题，初中学生焦虑等心理问题越来越严重，学生出现无心学习、离家出走、殴打同学，甚至自杀等现象。调查表明，有10%～30%的青少年存在各种不同程度的心理问题。

案例一（人际关系问题）：某校有一个学生凌某，某天放学被校外的无业青年殴打，殴打者把过程拍了下来上传到朋友圈，但是该生在学校不敢和老师讲，回家不敢和父母讲，直到有人将网上的视频发给G4的记者，G4记者到学校来采访，学校老师和父母才发现此事。但是该生却认为无所谓，不认为被打是耻辱的，这是对自己生命的不爱惜。而且该生本来已经自暴自弃，被打后更加无所谓，甚至觉得自己成了明星。像这类事情，现在新闻报道中经常出现，无论打人的人还是被打的学生，人格都存在缺陷，对生命的价值没有清晰的认识，内心对生命无丝毫尊重，其对生命的冷漠令人发指。

案例二（手机问题）：某生林某，无心学习，经常旷课，为了让他上学，母亲几乎满足他提出的所有要求。在体育中考模考前接到他母亲的电话，说儿子离家出走了。问起缘由,她说是由于孩子上课时玩手机,手机被老师收了,希望再买一部新的更好的。该生在初二的时候曾经发生过类似的事情,但是其母亲偷偷买了一部比原来性能更好的手机。这次他故技重施,却被父亲发现了,其父坚决拒绝再买手机。父子两人一怒之下打起来了,结果可想而知。由于父亲坚持,他没有买到新手机,而他为了对抗父母选择离家出走。三天之后,母亲无奈只好同意再买一部手机,他才肯回到家。然而他拿到新买的手机后,就开始一直上网玩手机,拒绝回校。网络对学生的危害,已实质上影响了学生的心理健康。

案例三(学习压力问题):某校一名初三学生梁某来到学校心理咨询室,这是他第一次来咨询。他向心理老师讲道:自己成绩一般,父亲在他3岁时去世了,他和母亲租房住在农村,母亲没有固定的工作,生活很不稳定,他一直希望能读好书,报答母亲。但是自从升上初二,他的成绩就一直不理想,这次3月份评价刚结束,虽然成绩没有出来,但他估计自己成绩又退步了,上课很难集中精神,感觉压力越来越大。自己觉得由于自己的成绩不好,备受冷漠和斥责,包括母亲,周围的同学也不理解他,不给他安慰他,很想离开这个世界。单亲的家庭、学习的压力让该生产生自卑、焦虑等心理问题。

在广州市教育局实施的中小学教育质量阳光评价改革的评价报告中显示,九年级学生的身心发展水平的均值(3.85)低于品德与社会化水平的均值(4.06)和学业发展水平的均值(3.92)。

中共中央、国务院在1999年颁布的《中共中央国务院关于深化教育改革,全面推进素质教育的决定》中提出,在新形势下,针对青少年发展规律,要重视学生心理健康教育,加强对学生坚韧意志、艰苦奋斗精神等的培养,使其具有适应社会生活的能力。

让学生在青春期健康成长是现在初中学校教育教学工作面临的一个严峻挑战。让学生人格健全发展,教育者需要考虑在提高学校教学质量的同时能真正全面地实施和推进素质教育,提高学生素养,使其健康成长。

第二节　儒家文化和人的关系

我国传统文化思想与观念存在于多种主流思想之中，其中孔子所开创的儒家思想居于核心和主干，儒家思想关注的核心主题为思想人格、人的价值、自我实现等问题。儒家思想倡导人与天地万物一体，价值目标强调"人与天、社会与自然和谐"，"天德"与"人德"相通。中国人的价值观以儒家思想为基础，在儒家传统价值观中，儒家对人的政治、经济、文化、教育等各项活动均从伦理价值去审视，把伦理原则与价值观融为一体，道德价值高于生命价值，道德范畴的善恶评价、伦理原则成为评价人事、万物的根本的、最高的或唯一的价值尺度。从中国历史的发展来看，儒家传统价值观在我国封建社会的价值观中占统治地位；从当代社会看，儒家传统价值观并未过时，儒家传统价值观积极部分和我们社会主义核心价值观十分相似。

儒家思想核心可以从个体和社会上看，个体包含仁义礼、智、圣、德、伦"五行"思想；社会方面是指博爱、厚生、公平、正义、诚实、守信、革故、鼎新、文明、和谐、民主、法制等。儒家思想是儒家传统价值观核心的观念形态，"君子义以为上"，"君子义以为质"。（《论语·卫灵公》）儒家以伦理原则为根本价值尺度评价社会人事万物，以伦理原则为第一要旨评价社会人事乃至宇宙万物。

价值观是评价事物的标准，影响价值评价，价值评价差异来自价值观的差异。人们的行动受价值观的指导，正确的价值观指向正能量，指导人们积极、健康发展，错误的价值观会产生不良的心理或行为。以儒家文化为例，揭示传统教育中对人的培育，使学生形成正确价值观，建构学生核心素养。

一、儒家价值观和人际关系

《礼记·中庸》云"仁者，人也"，人与人之间要有爱。在儒家思想中，"仁"是最基本的思想，"仁"作为人我关系的准则，个体和个体需要理解，尊重，关爱，相处融洽。"仁者爱人"，个人要爱其他一切人，与一切人友善。孔子曰："唯仁者能好人，能恶人"，爱善者必憎恶者，"仁"是一种爱善与憎恶的相对统一。孟子丰富了"仁"思想，"能仁之心，即可达之天下，不能推之，则不足以保父母妻子；能行仁道，必保其民；能保其民，则得天下"。"仁爱"的核心就是以人为本，一方面爱自己，尊重自己，热爱生命；另一方面爱让人尊重别人，懂得分清是非，和现在的"人人为我，我为人人"的和谐人际关系是一致的。儒家主张"和而不同"，允许人与人之间存在差异，差异不会影响人与人之间的共存、共进。人们要意识到这种差异、利用这种差异，而不是打击这种差异，只有这样才能实现共存，分享共同利益，和谐关系能预防学生焦虑情绪的产生，是心理健康的一方面。在人际交往中，尊重人的个体发展，尊重人权。

二、儒家整体观念与自我意识

孟子的"天民合一"思想，引用了《尚书·泰誓》"天视自我民视，天听自我民听"（《孟子·万章上》）的观念。他提出"知天、事天"，即"尽其心者，知其性也；知其性，则知天矣"。天与心、性合而为一。儒家传统价值观具有整体性特征，包含两方面：一是指天和人（人和自然）和谐关系，二是指人与人的和谐关系。孔子在《论语》中提出"不怨天，不尤人，下学而上达。知我者其天乎"（《论语·宪问》）。儒家思想不仅涉及儒家对人生、社会、生活目的等认识，也涉及自我超越性的境界体验，强调了把人从环境（事、人）的压力中解脱出来，达到独自体验，自我超越，提升人生境界的作用。学生不良心理产生的原因在于真实自我与理想自我产生的差异，儒家传统价值观包含儒家思想这种关注内在自我发展，培养品性，超然的精神取向，减少两个自我的差异，正确认识个体自我的需求。

三、儒家"内省，磨炼"自信特征与健全意志品质

儒家学者提出"学思并重""反思自省"和"慎独"，强调人要有自知之明，不断反省，不断提高思想水平，增强道德修养。孔子曰："君子不器"（《论语·为政》），强调人要有很强的适应能力、承受能力。无论自己身处顺境、逆境或常境，都要发挥潜能和智慧。"天行健，君子以自强不息"，

"故天将降大任于斯人也，必先苦其心志，劳其筋骨，饿其体肤，空乏其身，行拂乱其所为，所以动心忍性，曾益其所不能"。儒家提倡坚韧不拔、自强不息的精神。这种精神和我们现在的战胜挫折、困难的意志品质相同。儒家认为困苦能成就人生的信念，为身处逆境的人们提供前进的动力，也成为调解不得志的人们心理平衡的一剂良药。"丘之不济，命也夫。"（《论语·子贡》）儒家希望人们在遇到困境时，心理上接受它，接受现实困境，不意味着放弃自我追求。在外在条件不具备时人们仍然要发展内在品质，不断成就自我，培养学生适应能力和承受能力，形成健全的意志，以此减缓焦虑情绪。

四、儒家价值观中的发展观和人格统一完整的培养

孔子曰"吾十有五而志于学，三十而立，四十不惑，五十而知天命，六十耳顺，七十而从心所欲，不逾矩"《论语·为政》。儒家价值观认为人的行为、思想都是在变化、发展的，人通过积累经验，发展能力，提升认识，磨砺意志，促进成长。人要从内心顺应、接受困苦，无论遇到什么挫折、逆境，都要能面对。在成长过程中，人要不断学习，终身发展。这指引人们公正地向正向发展的价值观念，对我们现在的年轻人有积极引导作用。孔子"贤哉，回也。一箪食，一瓢饮，在陋巷，人不堪忧，回也不改其乐"（《论语·雍也》）。"知命乐天"是儒家所推行的人生态度，人本入世，乐观自足，闻过则喜，讲究实干等儒家思想都体现出积极乐观进取的人生取向。隐藏在儒家传统价值观念中的"乐观、自信、知足"是我们现在健康人格特征"积极乐观的人生态度"的重要表现，个体的"乐观、自信、知足"能预防焦虑情绪的产生。

从中国历史发展来看，儒家传统价值观里有积极方面也有消极方面，针对现在对学生的教育，我们取其精华、弃其糟粕，吸收对心理健康有正能量作用的儒家传统的价值观。促进人格保持平衡，正常发展，防止像焦虑等不良情绪产生。孔子的"君子食无求饱，居无求安，敏于事而慎于言，就有道而正焉，可谓好学也已"（《论语·学而》）"君子忧道不忧贫"（《论语·卫灵公》）"饭疏食饮水，曲肱而枕之，乐亦在其中矣""克己复礼为仁"。（《论语·颜渊》）儒家思想把内在的自觉与外在的社会规范统一起来，强调人的独立精神、人格尊严。

第三节　儒家传统价值观实施

一、关注儒家传统价值观和心理健康相关教育的内涵

学校教育的目标是培养学生"成人",让学生健康成长,促进学生全面发展,发展学生个性。然而在国内实际教育教学中,我们把学校的教育教学工作分为德育和教学两方面,价值观教育属于德育范畴。在研究起缘部分中提到阳光评价测试的数据,该数据来源于广州市中小学教育质量阳光评价改革100多所中小学试点学校,九年级学生身心发展水平均值(3.85)低于学业发展水平均值(3.92)和低于品德与社会化水平均值(4.06)。数据显示在实际教育中,我们重视学生知识学习,经常以成绩衡量学生,重视说教教育,忽视了对身心发展的关注。在以"人"为本的学校教育中,应该不分德育和教学。在学校教育工作中,全面围绕人的教育,了解学生心理特征,发展学生特性,培养学生健康心理,塑造学生健全人格。教育的目的是让学生成为身心健康、人格健全的人。价值观形成和发展影响心理健康状况,正确的价值观引导心理健康成长,价值观与心理健康是辩证、统一的。价值观需要内化,道德品质中知(认知)、情(情感)、意(意志)、行(行为)的产生和心理素质有关,心理健康能减缓焦虑、紧张等不良情绪。

孔子曰:"学而时习,不亦说乎!"首先是"学",让学生效仿,班级中树立榜样,引导学生模仿;然后"习之",反复模仿,现在德育教育让学生反感的原因之一是思想品德课的德育知识是为了考试,教师的德育工作,学生认为是说教。德育教育要让学生"悦",也就是说必须要让学生从情感上产生共鸣。在学校教育教学中,在课程中要渗透心理健康教育。关注儒家传统价值观和心理健康,将儒家正确的思想和各种教育教学相结合,关注感恩教育、和谐教育(人际关系)、挫折教育和生态教育,无论是在班会课程、学科课程(思品、语文、英语等)甚至学生的活动课程都可以对他们开展教育。

二、结合儒家传统价值观开展有效教育

1. 感恩教育

孔子说君子"入则孝，出则弟，谨而信，泛爱众，而亲仁"。儒家传统价值观中认为"孝"是"仁"的基础，孝道即是家族伦理道德又是社会伦理道德，表现为一种集体主义孝道。"孝顺父母、家人互助、长幼有序"，但是在现实社会中，很多学生只懂得接受爱，不懂得释放爱，学生多以自我为中心。网络和报纸曾经报道，儿子弑父母，高三学生杀班主任，老人晚年流落街头等。在中国儒家思想中子女要奉养父母、孝顺父母，"父母在，不远游，游必有方"。杨国枢认为，在校学生或社会成人对父亲或对母亲正向情感与孝知、孝意、孝行显示明显的正相关。在当代社会里，我们同样意识到孝顺父母、善待亲友是正向情感。感恩是人们对自己面对的人和事物产生的一种感激与回报之情。孝是对父母、亲情的感恩；忠是对国家、社会的感恩。感恩是优良的道德品质、积极的良好心态。这是儒家传统价值观在当代对心理健康促进的运用。当一个人内心幸福满足，对儒家传统价值观就更加认可，儒家价值观降低学生的焦虑程度，促进心理健康，心理健康的个体会主动将"孝、仁"实施于自己日常生活和学习中。在学校教学中，将儒家这种传统价值观浸透在不同的课程里，让学生内心精神受到感化。把感恩教育和儒家传统孝道两者结合，培养学生感恩图报、助人为乐的良好品性，让学生养成宽容、豁达的胸襟和气度。让学生沐浴儒家传统价值观，学会内省自察，形成一种感恩品质，保持乐观、幸福的心境。

2. 和谐教育

儒家提倡"天人合一"思想与当代我们追求人与自然和谐的自然生态价值观是一致的，人与自然虽然有很多对立但是更多的是包含。有研究显示，儒家传统价值观"家族主义、谦让守分、面子关系、团结和谐、克难刻苦"五个因子不仅和学生焦虑相关，而且影响中学生的心理健康水平。交往焦虑是影响学生心理的原因之一，学生如果能友善待人、人际和谐，焦虑减缓，心理健康水平就越高。儒家思想崇尚"中"，又贵"和"，主张"仁爱"思想，儒家"和"心理可与学生人际交往教育相结合。儒家的"中"是指实行"中道"，要求人们办事和处理各种问题应该是恰到好处。"和"主要是指和睦、天人合

一等社会与自然能够统一的状态。"仁爱",指对他人关怀和宽容。在我们当代的中学教育中,尚"和"与"仁爱"对我们初中生的心理健康具有重要价值。我们在指导学生和人交往时,导入儒家传统"和"与"仁爱"观念,形成平等友爱、融洽相处的良好人际氛围,让学生形成良好的心态。

孟子曰"富岁,子弟多懒;凶岁,子弟多暴。非天之降才尔舒也,其所以陷其心者然也"。(孟子·告子上)。个体由于受到环境的影响,形成不同的品质。环境会影响个体意识的形成,影响个体自身发展。在教育中利用学生从众的心理,创设教育环境,在正能量的环境中让学生学会辨别是非、自我调节,避免受不良的外界影响。对学生进行全面教育的同时要关注学生个体,特别是处于青春期的特殊个体。

在儒家传统价值观中,环境文化减缓焦虑,影响心理健康,人和环境要和谐。学校教育要关注学校教育、家庭教育、社会教育。学校要作为一个中介,把学校、家庭和社会联系起来,建设优美的学校环境文化;加强学校和家庭的联系,要针对家长进行培训,形成高素养的家庭环境文化;重视和学校周边部门的联系,多和学校周围的社区如医院、派出所、居委会等联系,让他们进校园做报告,让他们关注离校后学生的动态,创建怡人的社会环境文化。"孟母三迁"的故事就是教育人要重视环境,把社会不良现象影响学生的程度降到最低,使学生在一个优良的环境中学习。在儒家传统价值观念和当代的价值观念基本一致的情况下,在课堂教学中,让学生更多关注积极能量的儒家传统价值观,把儒家传统价值观的人与自然和谐、人与人和谐内化到学生个体的心理中去。

3. 挫折教育

孟子提出的"天将降大任于斯人也,必先苦其心志,劳其筋骨,饿其体肤,空乏其身,行拂乱其所为,所以动心忍性,增益其所不能"。有研究显示,女生的焦虑比男生严重,年级高的比年级低的心理健康问题更为突出,估计在承受外界压力下,学生遇到挫折容易放弃。儒家传统观念提出了心理咨询的技术,"不愤不启,不悱不发",儒家认可挫折,世界是和谐发展的,人总会遇到逆境和冲突,会遇到挫折,这时勇于面对,在困境中要勇于求发展。孔子曰"吾十有五而至于学,三十而立,四十而不惑,五十而知天命,六十而耳顺,七十而从心所欲不逾矩"(论语·为政)。孔子的经历就是敢于面对挫折的写照,面对挫折要有坚定信念和决心。初中生是人生发展的特殊时期,在这个时期利用班会和活动等课程，推荐学生阅读儒家的修身养性的书籍，鼓励父母和孩子共同阅读，相互交流，将挫折转化为力量。谷佩采用儒家对应方式问卷和焦虑量表对300名中学生进行调查，测试显示（$t=-4.66$，$p<0.01$）儒家对应方式和焦虑相关显著，儒家对应方式的挫折作用有双向性。加强学生挫折教育，让学生正视挫折，面对挫折要向好的方面发展，将儒家传统教育观和挫折教育结合，有利于学生心理向健康发展。

三、加强儒家传统价值观教育和心理健康教育的实效结合

初中阶段是青少年从幼年向成年成长的过程，学生对于儒家传统价值观认可程度是较高的，然而随着成长，儒家传统价值观分叉出现，心理健康差异导致出现学业、就业、交际等不同焦虑心理，焦虑反之影响学生的心理健康。在学校教育、家庭教育和社会教育中，将儒家传统价值观教育融入其中，把他们紧密地结合起来，使之落实到现实学习和生活之中。教育即生活，教育即生长，教育即经验改造。在教育中，有意识地把儒家传统和心理健康教育相结合，开展各种心理健康教育活动，对有心理问题的学生加强心理咨询。相信，学校心理咨询作为心理健康教育价值观教育的一个有效途径之一，把心理咨询和德育课程相结合，加强价值观教育，促进学生形成正确价值观，使全体学生健康成长。

学校课程由国家课程、地方课程和校本课程组成，重视将儒家传统价值观融于课程教学中。语文课程加入儒家传统文化，让学生在课程学习中体验儒家价值观，由此促进心理健康的发展。根据学校特点制定校本课程，开设古文鉴赏校本课程，儒家传统价值观在课程中得以发展。由于体育课程是身体和心理健康结合的课程，加强对体育教师培训，利用体育健康课程加强学生身体教育和心理健康教育。此外，校本课程开设活动课程，开展多姿多彩的活动课，开展社会实践活动，在校内外把儒家传统价值观与各项活动相结合。例如，学校举办艺术节，初三进行百日誓师，举办手抄报等活动，举行各种夏令营，开设特色课程等。在不同的课程中灌输学生正确的儒家价值观，促进心理健康水平提高。学生在学校不同课程中体验人生价值，增强责任感，减缓焦虑，形成健康心理。健康心理促进学生形成正确的世界观、人生观、价值观。学生学会解决心理问题，提高解决心理问题的能力。儒家传统价值观和心理健康结合，使

学生在中国传统价值观中形成良好自我个性，适应不同环境，健康成长。

孟子认为教育是"君子之所以教者五：有如时雨化之者，有成德者，有达财者，有学问者，有私淑艾者。此五者，君子之所以教也"。在我们的教育中有五种有效的方式：能及时润化教育学生、关注学生品德、培养学生才能、解答学生疑问、用学识感化学生。教育，在最细微之处教育人，使人在不知不觉中学到知识，树立正确的价值观，心身健康成长。

学校根据儒家传统价值观设置课程，开展多项活动，利用课程教学将积极的儒家传统价值观渗透在教育教学中，有效促进初中学生心理健康。

第十一章

学校文化熏陶人的品格

第一节 学校文化建设内涵

《国家中长期教育改革和发展规划纲要（2010—2020年）》（以下简称纲要）提出，要树立以提高质量为核心的教育发展观，就要注重内涵发展，鼓励学校办出特色、办出水平，中小学要实现特色发展，核心是要培育良好的学校文化。时任中共中央总书记胡锦涛在全国教育工作会议上指出，必须重视教育质量，贯彻落实以提高教育质量为核心的教育发展观，建立提高教育质量的管理制度和工作机制，注重教育内涵发展，鼓励学校出名师、育英才，办出特色、办出水平。

理论寻求学校文化与特色建设内容如下：

学校文化包括学校精神文化、学校物质文化、学校制度文化、学校行为文化等，精神文化是学校文化的核心，物质文化是学校文化的基础，制度文化是学校文化的保证，行为文化是学校文化的行为体现。《广东省义务教育现代化学校建设指引（试行）》中提出文化得到教职工和学生的认同，并转化为行为方式，便形成了学校特色。学校文化是校长和每个教师努力追寻的教育教学方向，是学校特色发展的核心和基石，实现学校特色发展的途径很多，如增强学校文化建设，推动学校教育教学的整体改革，形成学校特色。

1. 学校文化的含义

学校文化是指由学校成员在教育、教学、科研、组织和生活的长期活动与发展演变过程中共同创造的、具有个性的精神和物质共同体，并为其成员认可和遵循的价值观念、体系、行为规范准则和物化环境风貌的一种整合与结晶，它表现为学校的综合个性。

2. PCOLT的含义

一所学校的文化深深根植于传统、价值观和信仰之中，我们将学校文化视为稳定和易变的混合体，建构学校文化的三种条件用PCOLT表示，包括专业共同体、组织学习和信任。

（1）专业共同体指学校教育建立在共享的准则和价值观、反思性对话、公共活动和相互协作的基础上，学校内部的教育者所形成的联系，实质是学校所有教育者都有机会在与他人合作共事中产生互动，教育者的专业成长需要有意义的、持续性的互动，当教师集体性地承担改善学生学习的责任时，就会产生真正的互动，产生集体性的责任，即所有教师真切地认为他们对所有学生都有责任。

（2）组织学习指新观念中产生的集体性互动并不断改善，它会提升课堂实践的质量，加深对于组织改进如何发生的理解，强调建立一种开放性的结构，一定的非确定性，给予教师自由而富于灵性的体验，在群体互动中产生"顿悟时刻"。

（3）信任是支撑社会网络和维护各方面联系的黏合剂，被认为是在团队工作中成员的多种品性起作用的结果，包括正直、关心、胜任力及可靠性，包括师生信任、教师内部的相互信任、教师群体与其他组织群体之间的信任。

第二节　以PCOLT理论为基础的学校文化建设

一、建立"爱和尊重"以人为本的信任文化，强化学校精神文化

杜威在人性论的框架下形成了尊重个体生命，促进社会发展的生命价值观，他认为人性虽然不会改变，但人性中这些需要的表现方式，则是受不同的社会环境或文化影响而不同的。教育就是要根据这些需要来进行，使个人在适应社会环境需要的前提下获得充分发展。个人是社会的基本细胞，要达到促进社会发展的目的，必须尊重个人的天性，促进个人的发展，从而推动与改造社会。

人的价值关乎一切，学校内的人际关系隶属于学校文化的精神层面，成为影响学校文化的重要组成部分。日本经济团体联合会前会长奥田硕认为，只有人是活的生命体，具有自我创生能力，是可再生资源。人是可以被塑造的，其教养包括自主性、职业性、目标性、实践性、开放性和对象性。教师教养教育通过外在的力量培养与雕琢、塑造人，通过教养来提升主体的精神境界。

1. 实现人的个人情感

学校文化与特色建设是要关注人的内心，从内心深处激发每个教师和学生的内在潜力、主动性和创造精神，使他们心情舒畅、不遗余力地创造新的成绩，从他律向自律转化。尊重教师的不同个性和个性发展，从而使教师培养出个性化的学生。一所学校，一位名师代表不了学校的文化和特色，学校管理者要关心教师的内心世界，不同的教师在工作中的需求不同，调动每个教师的积极性，让全体的教师对教育有更深层次的了解，让有教育情怀的教师把他的经验介绍给其他教师，让所有教师得到共鸣，情感受到触动。

2. 专业共同体促进教师精神需要

教师是学校文化的参与者、引领者和创造者，在教育教学活动中应充分发挥教师的主体作用，鼓励教师进一步学习专业理论知识，深入开展教育教学活动研究；创造条件，支持教师专业发展；学校完善考评机制，将教师教育活动纳入教师工作量化考核之中；支持教师勇于变革教学方式，建立开放的教

学课堂。

3. 尊重学生生命个体

在纲要里提出过要关心每个学生，促使每个学生主动、生动、活泼的发展，尊重教育规律和学生身心发展的规律，为每个学生提供适合的教育。教育的本质是育人，要以人的生命存在为本，以人的人格尊严为本，以人的个性和谐发展为本，重视生命个体的发展。发掘、激励每个学生的潜能，帮助每个学生健康、全面发展。教育是使人成为人的过程，是生命的成长过程，学生作为这个过程的主体，应该受到关注和尊重。加强学生情感、意志、实践等品格修养，因材施教，重视个体发展的多样性，帮助每一个学生走上成功的人生之路。

4. 促成师生信任文化

马斯洛曾说："一个人能成为什么，他就必须成为什么。"根据他的需求层次理论，人类有成长、发展、利用潜能的心理需要，即自我实现的需要，"一种想要变得越来越像人的本来样子，实现人的全部潜力的欲望"。当一个人对爱和尊重的需要得到合理满足之后，自我实现的需要就出现了。同样，当一个人获得爱和尊重的需要后，在社会活动和交往过程中形成一种理性化的交往态度，基于对自己的安全考虑和行为结果的预期而形成的一种价值心理——信任。诸多个人信任相互作用、相互影响而凝聚成群体意识，有利于PCOLT发生作用。师生在各自立场分歧或自身差异之上形成共同观念，从而学生之间能共同讨论、相互帮助，师生之间可以和谐发展，共同维护学校利益，共同为实现自我而努力，为了建造学校文化和特色共同奋斗。

二、营建专业共同体，加强组织文化，提升学校文化和特色品位

合作意识是指个体对共同行动及其行为规则的认知与情感，是合作行为产生的一个基本前提和重要基础，需要通过某种活动，通过人和人的交往过程，通过共同完成任务与对各种结果的经历及成果的分享和责任的共同承担的关系去培养。

合作呈现团队精神，团队精神是大局意识、协作精神和服务精神的集中体现，核心是协同合作，反映的是个体利益和整体利益的统一，并进而保证组织的高效率运转，是组织文化的一部分。团队精神形成并不要求团队成员牺牲自

我，而是在清晰明确的协作意愿和协作方式的指导下，发挥成员个性、特长，保证共同完成任务目标。

1. 专业共同体塑造教师，建成组织文化氛围

教师的生活方式、学习方式、社会交往方式以及教学或管理实践都是教师个体行为文化的体现，教师个体的行为文化往往以非正式组织方式呈现，任何团队都存在着因爱好、性格或利益等因素一致而组成的非正式组织，每个非正式组织都呈现不同的组织文化，把提升教师非正式组织的文化质量，作为教师精神塑造的途径。

学校文化建设应该致力于培养一种团队精神及组织协同能力，在专业共同体中进行学习和工作。为了使教师之间能够真正有效地合作，学校建立以年级和教研组为单位的合作，以课例或课题为研究方式，通过集体备课，共同设计主题，探讨主题的重难点，听课反思等，帮助学生加强社团建设，按一定的模式，有计划地确定目标和课程，有目地组织研究。激发教师的智慧，使组织中的每一个教师获得归属感，创造出一个使所有人明白如何帮助学生获得更佳学习成果的文化团队，在富有挑战性的团队中，积极参与学校文化和特色建设，促进学校文化发展，提升文化和特色品位。

2. 重视德育活动文化，学生在教师营造的专业共同体中成长

杜威提出，教育要以儿童为中心，唤起儿童的习行主动精神的思维，引导儿童在自我探究、提问和质疑中发展并超越，不断开发儿童的四大基本本能，即制造的本能、交际的本能、表现的本能和探索的本能。

教育部在2002年颁布的《中小学心理健康教育指导纲要》中指出："在中小学开展心理健康教育，是学生健康成长的需要，是推进素质教育的必然要求。"纲要年也明确指出："加强心理健康教育，促进学生身心健康、体魄强健、意志坚强。在学校文化实施素质教育的过程中，遵循以人为本的教育理念，积极推进素质教育；构建在教师指导下学生自主管理的模式，营造和谐的育人氛围，形成民主平等的师生关系。"

3. 落实德育活动文化，净化学生心灵

学校文化的落脚点是培养人，那么应如何改变僵化的传统德育工作模式，使德育工作人本化呢？

为了使育人落到实处，采用德育活动文化，通过活动培养学生成为"健康思想感情、积极人生态度、良好行为习惯"的健康人。开设多种社团和特色活动，如通过科组开设活动，学校结合办学特色，开展学科周活动，科技活动，语言艺术活动等，让所有学生参与，在活动中体验德育教育，体验合作，从心灵上体会学习的本质，在活动发展个性。

加强德育活动系统化，每个年级都有德育管理的理念和目标，每个年级都有自己的德育特色，如初一年级开展"班级是我家，如何保护家园"等活动，初三年级开展"我为理想奋斗，如何为家园创佳绩"等活动。在家庭和学校联系工作中，学校制定家长学校课程大纲，开展学生和家长等亲子活动，使德育教育更加有效。另外，在原有的心理健康基础上，建立专兼职心理辅导团队，组织面向师生、家长的团体心理辅导活动，开发德育活动校本课程，将健康人生教育贯穿于德育、学科教学和学校管理中。学生在德育活动中体验德育道德，让德育道德成为习惯，成为日常行为。

学校是发展学生核心素养的源发地，为学生核心素养培育提供了必要的场地。一所学校的文化深深根植于传统、价值观和信仰之中，专业共同体、组织学习和信任是建构学校文化的三种条件。学校形成文化建设和特色目标的过程，要有教师与学生的参与，文化表现在师生的精神面貌、心理状态、行为举止、人际关系以及学校各种活动的过程和处理各种教育事件的方式方法上，以上种种表现是文化精神转换成真实的教育力量，是学校文化建设和特色最富有活力的象征。

学校文化建设与特色必须获得全体教师和学生的认可，创造性地体现在各自日常的教育实践中，坚信，在PCOLT理论的指导下，学校一定能进一步加强文化建设，突出学校自有教育特色，并与德育工作充分结合，为学生创造更优质的成长环境，也为教师提供更好的教育教学氛围，有效地培养德智体美劳全面发展的社会主义建设者和可靠接班人。

第十二章
班级文化优化学生的品格

第一节 班级文化对学生的影响

斯普兰格认为学校文化的价值在于"唤醒生命",而不在于传递知识,教育应当"一直到精神生活运动的根","教育之根和文化之根的寻求,只能通过人的灵魂的唤醒才能实现"。班级是学生在学校里生活的最根本场所,班级文化是学校文化的重要组成部分,对学生人格的形成起到最根本的唤醒作用,班级文化具有无形的教育功能,是学生精神活动的根本,通过加强班级文化建设可以引导学生形成正确的人生观、价值观,促进班级健康发展,同时优化学生的人格。如何创建良好的班级文化是作为教育工作者的我们需要思考的问题。

一、班级文化的内涵

班级文化是指所有成员在班主任的引导下,朝着班级共同目标不断迈进的过程中,班级内部形成的共同思想和行为准则的总和,是班级的灵魂,是校园文化的基石。针对自己的班级,认为班级文化就是所有成员共有的信念、价值观、态度的复合体;班级成员的言行倾向、班级人际环境、班级风气为其主题标志，班级的墙报、黑板报、活动角及教室内外的环境布置等则为其物化反应；班级文化是一种渗透在班级中的一切活动中的东西，是以班级为主要活动空间，以师生为主体，以班级物质环境、价值观念和心理倾向等为主要特征的群体文化。

二、班级文化的内容

班级文化包括班级精神文化、班级物质文化、班级制度文化、班级行为文化四个方面。其中，物质文化是班级文化的基础，精神文化是班级文化的核心，制度文化是班级文化的保证，行为文化是班级文化的行为体现。

班级文化是一个班集体共同营造的，存在于学校组织内部的一种机制、精神、关系、环境和氛围，具有教育功能、导向功能、协调功能、制约功能和激励功能等，它包含精神文化、制度文化和物质文化，其中良好班级文化中的精神建设对于学生的熏陶是潜移默化的。

正如一位资历深厚、管理学生经验丰富的班主任曾经讲过的那样：班级文化中的精神建设，它是一个无形的磁场，弥散于学生心中，指引着学生的前进方向；它是"无声的润物"，滋润着学生的心田；它是班级这个"小社会"角落里的"社会环境"，影响并制约着每个学生及整个班集体的发展趋势及学习前景。作为班主任，可以在活动中去塑造、锻炼学生，这无疑比起单一的说教效果会事半功倍，影响深远。

第二节　班级文化对学生心灵唤醒实例

一、班级文化精神优化人格

教育学指出：班级文化首先是一种文化，包含物质文化、制度文化和精神文化等，同时又可以分为显性文化和隐性文化，其中显性文化包括班级环境的布置、班级口号、班训、班级活动、班规等，而隐性文化包括班级风气、氛围和精神面貌等。

加强班级文化精神，优化人格教育的环境可以从下面几方面进行。

1. 物质文化为人格教育提供物质保障

苏联著名教育家苏霍姆林斯基说过："努力使学校的墙壁也会说话。"环境造就人，班主任必须增强环境育人的功能，为了给班级文化精神建设提供有利的环境，尽量使班级的环境布置具有科学性和人性化，使学生在完成班级的环境建设上能够提高班级的文化精神建设和学生责任心。

黑板报是对学生进行教育的重要宣传阵地之一，充分利用它来宣传社会政治、时事重点和热门话题，宣布学校的教育中心和现阶段的教育要求，公布班级各类好人好事和学习情况，班上集中的问题或集思广义的建议。黑板报更换方便，可操作性强，可以说是既实用又方便。把出黑板报的权利责任到人，由宣传委员组织学生完成，让学生充分发挥他们的创作力和想象力。对于初一的学生，教师可以对他们进行指导，引导他们根据学校的主题和班级自定的内容，利用所学的教材、网络查找资料，设计好版面，画好版头、插图，确定所需文章的篇数、题目、内容等。通过黑板报对学生进行教育和警示。

2. 制度文化促进人格教育健康有序

纲要中明确提出"育人为本"，实施以人为本的育人政策，是学校文化建设的根本，坚持以人为本就是始终把培养人才作为教育工作的根本任务，把教会学生做人、做事，帮助学生成长、成才作为教育工作的出发点和落脚点。帮助学生在自我学习、自我教育中感悟真理。从精神上促进学生德育的发展，我们要加强制度文化建设，通过制定各种制度文化，让学生在制度中学会管理，学会与人和谐相处。

（1）班规制度文化。根据《中小学生守则》和《中小学生行为规范》制定本班的班规。制定的班规按以下步骤：首先由全班同学自己制定十条规定，班干部收齐并统一好同学们的意见，对收集到的班规进行分类和筛选，制定出十条符合本班实际的班规，班主任审阅后，由宣传委员打印，班长对全班宣读，最好张贴在教室里，作为全班执行的规定。优良的班风是无声的命令，规范的班规会使学生自觉地约束自己的思想言行，抵制各种不符合班级利益的行为。建设优良的班风，形成制度化的班规能增强班集体的凝聚力。

（2）学生责任制度文化。学生是班中的成员，每个人必须在班级内负责一件工作，不同的学生有不同的任务。①卫生制度。人人动手，确保学习环境清洁卫生。为了保证教室的整洁，由劳动委员负责班上的卫生清洁，由专人负责班级的窗帘和桌椅整齐摆放，班级的花草由专人负责护理，由于我校长期实行垃圾分类，我们班有专门储存废品的箱子，箱子中放饮水瓶、废报纸等可再生的废品。②早操制度。作为班中的成员，每人必须负责带操一次，由体育委员安排，体育委员进行监督和评判，带操认真的同学，给予表扬，不认真的指出，第二天给机会再带一次。③胸卡制度。班中有专人对学生的胸卡进行检查和登记，每月进行总结，在德育评价中给予奖励和处罚。④德育评价制度。由学生推选出德育评价小组，以班长为组长，根据班规以及不同部门的登记进行统计，负责每月和每学期对学生的评价。

3. 精神文化建设提供人格教育精神动力

我们的教育要坚持个性发展原则，从学生的实际出发，相信学生、理解学生、尊重学生。科学发展观和"以人为本"的价值取向，校园文化建设必须以学生为本，开发学生的潜能，促进学生个性发展，着眼于学生的素质全面提升，创造一个有利于并且促进学生健康成长的文化氛围和成长环境。

在班中展出手抄报和其他各类活动的作品，教室两边张贴标语（激励学生学习成长类的警句名言），标语主要以学校统一的为主。在布置教室的过程中，每一幅作品、每一条标语、每一个细节都要经过慎重取材，由班委通过，使教室内外充满一种整洁、舒适、和谐的学习气氛，利于培养学生高尚的情操，增强班集体的凝聚力，激发学生强烈的求知欲望以及探索精神，形成一个和谐、向上、团结的班级。

加强班级的精神文化建设，将班级精神文化建设融于物质文化、制度文化和活动文化之中，使之构成一个统一的整体，班级文化精神建设的核心是班风。

4. 行为文化形成模范影响

教师文化是校园文化的主体，教师文化是教师在教育教学活动中形成与发展起来的价值观和行为方式。班主任作为教师文化的一部分，班主任自身也是学生学习的一面镜子，是学生营造班级文化精神的领航者，因此班主任要提高自身素质修养，学生需要有一个学习的榜样。班主任除了要注意自己的言行、穿着、待人处世的方法之外，还要注意自己的文化修养，多学习。例如，教师要求学生做到的事情，自己也必须做好。

二、班级文化精神氛围在实践活动中形成

在构建班级主流精神文化的同时，教师也要注意采用合理的方式去改变学生个体中那些不良的行为习惯和不正确的价值观念。通过不断的学习，逐渐改变观念，以前教师多数采用强制干预的方式，采用说教的方式，要求学生服从班级和教师的意志，结果往往适得其反，现在采用不同的方式和学生沟通，形成良性的班级文化精神氛围。

1. 周记交流，倾听心声

经过调查，许多学生很少把心中的烦恼向老师和父母倾诉，他们却愿意对自己的朋友讲，但是作为老师要对学生有所了解，因此在班中开展写周记的活动，通过周记，及时了解学生的思想状况、精神状况等，从而能够具体问题具体处理，做到有的放矢。要求每周的周记不论长短，但是要和自己的真实情感结合，有时可以给出主题。对于学生的周记要认真批阅，有部分学生，教师所写的看法比他们写的周记还要长，经常加一些字眼："你进步了""请善待父母，你是父母心目中最好的孩子""如果你能严格要求自己，我相信你会更好"。周记交流渗透班级文化精神建设。

2. 班会引导，从众效应

班会是学校不可缺少的教育手段，有人认为它也属于班级的文化精神建设的一部分，有效的主题班会能促进学生改正自身的不良行为，提高对世界观、人生观的认识，使学校的德育教育收到良好的效果。除了完成学校规定的主题班会，如安全教育、理想教育等之外，还要根据学生的实际情况，每一节班会确定一个目标。班会的主题基本上从学生身边事出发，从生活中的小事出发，贴近学生，从学生中来，紧紧围绕学生的行为。例如为了提高学生的自信，进行了《我赞美你》的班会；根据班上学生互相起绰号的现象，进行了《绰号的是非》的班会；针对同学之间出现的争执，进行了《友好还是战争》的班会。各种节日前，基本上都会开有关主题的班会，使学生能切身体会，有所感悟，由小事提升到注重道德修养。此外，根据社会的热点或新闻等，也会进行相关的班会，如四川出现的地震时，先后进行了不同类型的班会，从安全教育出发，进行了《假如地震发生在我身边》的班会，从改变学生克服困难的意识出

发，进行了《我佩服你……》，从改变学生对家长的态度和懂得帮助别人出发，懂得珍惜现有的生活出发，进行了听《妈妈，别哭了》的诗谈感想等班会或交流。

3. 参与评比，合作竞争

评比是培养竞争意识的最佳途径之一，是团体和个人得到肯定的表现方式之一。由于我校长期进行五项评比，从全班出发，教师应要求学生积极参与，为班争光；在班上，进行"我的偶像""学习之星""劳动积极分子""我最信服的班干""优秀学习小组""最佳劳动小组"等评比，在评比中，营建班级文化精神建设的氛围。

4. 共读报纸，提升境界

读报纸是传递知识的一种方式，把它也运用在班级文化精神建设中，让学生多读报纸，多谈心得，心系国家。由班长和宣传委员负责，每个学生每天轮流买一份报纸，主要是《广州日报》《羊城晚报》《南方日报》等，鼓励学生多看头版头条，多看新闻。配合政治老师，每位同学准备一本笔记本，把报纸上重要的新闻抄录下来；配合语文老师，学生另外准备一本笔记本，把自己感受最深，有教育意义的文章剪下来粘贴在本子上，自设栏目、自选内容，每周交流一次，互相交流学习。

平时注重结合实际情况，开展其他类型的活动，如手抄报比赛，学生初一军训结束后，小组合作制作手抄报，进行评比奖励，把优秀作品陈列出来，让同学们分享和学习。

苏联教育家苏霍姆林斯基讲过"我们应该使每一个学生在毕业的时候，带走的不仅仅是一些知识和技能，最重要的是带走渴求知识的火花，并使它终身不熄地燃烧下去"。利用各种教育资源，特别是班级文化资源，指导学生，发挥他们的主体作用，让学生在良性的班级文化中唤起他们的潜能，唤醒他们对学习的渴望，树立攻坚克难的信念，从而使语篇语境教学德育化。

第十三章

教师榜样影响学生的品格

第一节 重视教师的示范作用

我们经常抱怨我们的孩子为什么不喜欢学习？教育以人的发展和培养为目的，必须以人化的方式进行，良好的教育就是一种以人为本的教育，是一种基于人性和人的理解的科学，教育活动是一种发展和提升人性、人格及人品的重大实践。心灵治愈小说《摆渡人》这样描写道：摆渡人是让那些走失或者迷路在爱情低谷里的人们走出困境，作为摆渡人就像海里的航船，从来没有上岸，好像只有停留而没有尽头。教师，是学生心灵成长的摆渡人。在摆渡学生成长的时候，教师自己也在成长。教师是心灵的摆渡者，要影响学生，帮助他们学会选择，影响他们成为心灵主人。教师要点燃学生希望的火把，点燃学生兴趣和志向的希望之光，点燃学生自尊和自信的希望火把，点燃他们期望的希望火种。教师在摆渡学生的过程中，在促进学生成长的过程中，不仅要唤醒学生自我成长，还唤醒教师自我成长。帕克·帕尔默讲过"真正好的教学不能降低到技术层面，真正好的教学来自教师的自身认同与自身完整"。教师的榜样，即向学生示范一种理想人格。在摆渡学生时，让学生以教师为榜样，树立正确的人生观、世界观、价值观、学习观。

《中国教育改革和发展纲要》中指出:"振兴民族的希望在教育,振兴教育的希望在教师。建设具有良好政治业务素质、结构合理、相对稳定的教师队伍,是教育改革和发展的根本大计。"我们已经意识到新课程改革的实施需要有着全新教育理念与教学行为的学习型的教师队伍作为支撑,改变教师对自身的认识。在物质生活富裕的条件下,教师投身教育不再只是一种谋生手段。教师只有把教育当成事业看待,才能真正实现自己的人生价值,学生由此受教,成人成才,学校才真正发挥了它应有的作用。

习近平总书记在全国宣传思想工作会议上提出的"九个坚持"中,教师队伍建设摆在首位;在全国教育大会重要讲话五个部分中,教师队伍建设又占有一席之地,足可见其分量之重、要求之高。

一、加强师德师风建设,增强教师的人格力量,提高育人能力

让教师静心从教、潜心育人。将教师的职业道德、人文素养,纳入学科教师的专业发展评价中;将班级文化建设、家庭教育指导、学生心理辅导等纳入班主任的专业发展评价中;将作为中考改革的重要依据之一的学生素质评价纳入全体教师发展评价中。开展多种关于师德建设的主题活动,调动教师学习的积极主动性,开展人文教育体验活动,促进教师内涵发展,提升教师素养。

二、注重教研培一体化,提高教师的专业化素养

(1)关注课堂。把课改作为课堂教学的抓手,课改在常规课中实施,依托教师的个人学习和教研组的集体备课,不断提升教师教学设计能力、课堂驾驭能力和总结反思能力,提高教学质量,发展学生能力。

(2)注重科研。开展以"有效课堂"为主题的教学研究,鼓励教师研究教学评价标准和课程标准,参与课题研究,在课题中发展教师专业水平。

(3)提升素养。教师素养会潜移默化地影响学生,校级干部深入教育教学第一线,力争成为教学骨干型的管理者。学校中层、级长和科组长要积极开展学校管理和教学工作研究,积极反思总结,形成研究成果、论文等在市级范围区交流,甚至发表。

(4)创建品牌。学校氛围影响学生发展,学校要争创"品牌学校","一校一品"学校,学校的教学质量继续走在区学校的前列,学校制定长期目标和

短期目标，家长满意率达到100%，办人民满意的学校。

三、加强校本培训机制建设，为骨干梯队建设搭设舞台

推进区域课堂教学改革的实施，帮助不同发展阶段的教师制订发展规划，通过"请进来""走出去"，形成有效的培训机制，把培训和继续教育结合起来，促进教师队伍的整体发展。

四、完善教师发展性评价制度

（1）形成多元教师考核评价制度。完善教师发展的评价指标体系，对教师的师德素养、教育能力、教学能力、科研成果、培训情况以及教师对学生核心素养、学生学习兴趣和态度的培养情况等进行全面的考核，用评价来促进教师专业水平的整体提升。

（2）建全个性化的"教师规划发展档案"。通过依托教学处、德育处和科组，制定教师和团队发展规划，强化个人教育教学计划制订和思考，明确重点突破的薄弱环节，着力提升课堂教学效能。

（3）学校奖励制度。加大对科组或备课组的考核奖励力度，促进教师团队的共同成长，形成发展共同体。进一步完善"阳光教师""阳光团队""教学能手""优秀班主任""优秀德育工作者"的评选机制，营造以优带弱，共同成长的良好的教育教学氛围。

第二节 教师工作措施

孔子说："其身正，不令而行；其身不正，虽令不从。"教人先正己，教育教学过程体现教师素养，它将对学生有潜移默化的影响。教师的世界观、价值观、品行和生活、对人和物的态度直接影响学生。从某种意义上说，推进素质教育，既是提高学生素养的过程，也是提高教师素养的过程。

一、提高思想政治素质

将全面从严治党要求落实到每个教师，把党的政治建设摆在首位，用习近平新时代中国特色社会主义思想武装头脑。引导教师增强政治意识、大局意识、核心意识、看齐意识，敬业修德，奉献社会，争做"四有"好教师。加强理想信念教育，引导教师树立正确的历史观、民族观、国家观、文化观，引导教师准确理解和把握社会主义核心价值观的深刻内涵，增强价值判断、选择、塑造能力，践行社会主义核心价值观，扎根教育，为办好学校做出贡献，形成学生心中理想人格的榜样。

二、加强师德师风建设

习近平总书记强调，要把师德师风作为评价教师队伍素质的第一标准，健全师德师风建设长效机制。"第一标准"就是学术水平再高、教学能力再强，师德师风不好，不能算合格老师。在教师资格准入、招聘考核、职称评聘、推优评先、表彰奖励等各个环节，都要突出师德把关，严格执行师德"一票否决"制。要求教师加强阅读，主动学习中国传统文化，在学习中进行自我师德提高，提升个人素养。开展多种师德主题活动，加强师德教育，规范行为，引导广大教师以德立身、以德立学、以德施教、以德育德，坚持教书与育人相统一、言传与身教相统一、潜心问道与关注社会相统一、学术自由与学术规范相统一，全心全意做学生锤炼品格、学习知识、创新思维、奉献祖国的引路人。

三、健全教师发展规范机制

"无规矩不成方圆"。为了促进教师发展，建设良好的教师队伍，使学校各项工作能扎实地、有序地开展，学校结合自身实际情况，广泛征求教职工的意见，召开教代会，听取和接受教师对学校管理工作的意见与建议，建立符合学校教师发展的考核评价指标体系和制度，制定教师发展的职责和行为准则，规范评估条件与内容，为检查、评比、奖惩提供有力的依据。在管理过程中，要以教师为本、德法兼治，把制度管理化与情感内化相结合，坚持用制度塑造人、用机制发展人、用情感凝聚人，使学校在人与人互动的环境中和谐发展，引导教师潜心教书育人，逐步引导教师由被动接受自我发展转变为主动性自觉发展。

四、提升教师教育教学能力

1. 学习现代教育理念，提升专业知识水平

加强学习，学习科学的教育质量观念，形成新的教学观、学生观和人才观；积极参与教育教学改革创新，主动面向全体学生，全面提高学生素质，促进学生个体发展。落实继续教育，鼓励教师参与进修；构建校本教研体系，建立健全教师全员参与的校本教研，加强对于教师新课程、新教材、新方法、新技术的培训，提高教师的课堂教学能力，有效落实校本教研；通过教师说课、集体备课、互相听课、客观评课、作业辅导等常规工作，使教师在总结和反思中掌握有助于课堂提升的教育理念和知识，在大量的教育教学理论知识中扩展理论视野，从理论高度去审视自己的教学方法和经验；从理论到实践，再高度概括为理论，切实提高教师的自主学习和发展能力，使学习和提升理论成为一种自觉、理性的教学行为，为成长为"学者型""研究型"教师打下基础。

2. 提升教育科研能力

在新的教育形势下，教师要转变理念，有意识地要求自己由"经验型"教师向"科研型"教师转变。教学过程实际就是科学研究的过程，在教育教学中发现问题，反思问题，将问题形成课题。课程改革要求学校广泛开展中小学生阅读活动，同时教师也要积极读经典、读原著，提升自己的阅读量，在大量阅读、系统阅读、深层次阅读中发现问题、思考问题、解决问题。如此在课堂教学反思中，教师学会分析、钻研和思考，学会实验和研究，由此撰写教育研究论文，提出并解答问题，完成课题要求。

3. 熟练地掌握和运用现代教育技术

随着科技的进步和教育的发展，计算机等现代教育技术在教育领域广泛普及和应用。充分利用现代教育技术，借助计算机来进行教学，能提高课堂教学的现代化水平、教学效果，最终提高教学质量。教师要想发展就要转变观念，强化科技知识、熟练使用计算机、多媒体以及其他先进的教育技术，不断改进教学手段、方法。教师在教育教学上，应有效利用现代化多媒体激发学生学习兴趣，激活思维，提高学生素养。

五、开展"两工程",唤醒教师,有效发展

1. 实施"孵化"工程,保证青年教师进步

实施好"孵化计划",启动青年教师培训计划,为青年教师"结对子",以师带徒。增加青年教师培训进修学习机会,加强学校紧缺学科教师培训,定期开展青年教师教学素养展示活动,引导青年教师主动走进名师课堂,参与名师活动。给青年"压担子",鼓励他们大胆执教,主动反思;要求学校导师给他们"指路子",发掘他们的优势,形成青年教师教学特色;鼓励青年教师承担区级公开课,走出校门,走向成熟;激励青年教师参加各种比赛,学校开展青年教师优质课比赛,要求全员参与;鼓励青年教师干一行爱一行,钻一行精一行。把青年教师的培训作为重中之重,充分利用学校的人力、物力、财力,把培训、教研、教学融为一体,尽快弥补教师队伍的"断层",实现平稳过渡。

2. 实施"名师"工程,激励年长教师自我"二次唤醒"

名师创造名校,名校造就名师。要求教师不忘初心,牢记使命,重温教育初心,"二次唤醒"朝着"十个一"目标前进:树立一个好形象,练就一流基本功,精通一科教材大纲,掌握一套教育理论,具备一项特长,形成一种独特的教学风格,创出一流的好成绩,总结一套好经验,熟练使用一套电教设备,获得一流的教改成果。促使教师二次重生,积极参与学校培养学者型教师工作,把"名师"培养作为队伍发展的最高目标,苦练内功,争当骨干,争做带头人,争当名师,争取成为科研型教师,勇攀高峰。

第三节　班主任德育工作案例

《左传》说:"太上有立德,其次有立功,其次有立言,虽久不废,此之谓不朽。"孔子说:"道之以政,齐之以刑,民免而无耻;道之以德,齐之以礼,有耻且格。"落实立德树人是我们教育的根本任务,班主任在其中作用

最为关键，核心素养的根本任务是人格培育和能力培养。班主任在德育工作中，花费时间最多的是在潜能生（习惯称为后进生）身上。我们所讲的这类学生主要是指思想或行为表现不好，甚至有时学习成绩又差的学生，在表现上他们是有一定的不好的行为习惯，但实际上他们和其他学生一样，需要集体的温暖，需要别人的关心。教育家苏霍姆林斯基说道："让每一个孩子都抬起头来走路。"教育家马卡连柯也认为："转化一个差生与输送一个优等生同样重要"。因此，对于他们来说，能力的不足，可以由人格因素的优势弥补，而人格因素上的缺陷，则不能通过能力来弥补。作为新时期的班主任，培养学生具有健全的人格和优良的心理品质这才是我们教育的重点。

在发展核心素养的过程中，我们可以从下面的故事得到启示。

一、先察后导，工作到位

苏霍姆林斯基说："教育，这首先就是人学。不了解孩子，不了解他的智力发展，他的思维、兴趣、爱好、才能、禀赋、倾向，就谈不上教育。"要教育学生，要教育好学生，就必须热爱学生，必须首先全面了解学生，感受学生的感受。

在我们现实的思想工作和心理教育中不难发现：学生随着年龄的增长，他们在初三比他们在初一和初二时，接触的环境更广，认识社会的各种人员更多，思想更加复杂，凡事都有自己的主张，希望老师尊重他们的意愿，他们中有的学生要求老师顺着他们的想法，想干什么就干什么，听不得批评；有的同学当老师向他们提出严格要求时，他们从意识上认为老师也要和他们一样遵守，一旦出现老师自己做不到，他们就非常反感，特别是后进生，虽然他们存在学习和品德上面的问题，但是他们也有自己的个性，他们的自卑感相对较重，作为班主任要注意先观察了解学生，然后对症下药，才能药到病除。

故事一：问题要先调查，后下结论

我们班的一名科任老师在课堂上要求学生认真做笔记，不准和周围的同学交谈，但是学生林某，由于上课不留心，不知道要做什么，他转身询问后面的同学，正好被上课的老师看到，在课堂上对他进行了批评，他非常不满，就和老师吵了起来，课后老师要求他留下来。下课后，他站在老师面前低头不看老师，把老师的教育当作耳边风，一声不出。这时我正好看到了，我先把科任老师友善地叫他先去上课,转身问清学生事情的经过,和学生交流了一下,问清了整件事的经过后,和他交流了意见,很快我话语一转,对学生说:"作为你的班主任,我知道你脾气比较倔强,为人很直,想说就说,但是不是每个老师都了解你,你到了社会也一样,在课堂上你随便讲话就是对老师的不尊重,有事情应该举手,另外你的做法不仅让自己没法听课,同时也影响了班上同学的学习,你对得起我们这个班的其他同学吗?"学生惭愧地低下了头,我又教育他向任课老师讲清楚,并向任课老师认错。

事实说明,班主任工作中,主观武断一定会碰钉子,从实际出发了解学生情况,工作一定会更加顺利。

二、利用闪光点,善用赞美

后进生在学习方面存在着一定的障碍,他们的学业成绩出现滑坡时,得不到一定的鼓励。在后阶段的学习中,无论在家里还是在学校,受到的批评、指责和惩罚总是多于表扬、鼓励和帮助。在他们的心目中认为自己永远比不上别人,在其他同学面前低人一等,产生严重的自卑心理,"过强"的自尊心变成了强烈的自卑感。初三又面临毕业,他们既感到彷徨,又发现一些在初二时对学习都不积极的同学到了初三改变了学习态度,比他们进步得快,他们的自信完全被自卑代替了。哲学家詹姆士指出"人类本质最殷切的要求是渴望被肯定"。作为班主任,要学会发现后进生的优点,哪怕只有一点点的进步,都要表扬他们,认同他们的进步,帮助他们树立自尊和信心。

故事二:唤起后进生,实现自我教育

今年刚刚毕业的后进学生叶某曾感叹地对我说:"从小学三年级到现在,我第一次听到我母亲赞扬我,谢谢你,老师,今后我会尽力改正缺点,提高学习成绩。"事情是这样的:在开家长会的时候,我把在月测中有进步的学生的奖品颁发给他们的家长,让家长带回去给学生。这个后进生在这次月测中在年级的排名进步了10名,由原来521名进步到511名。虽然在年级中仍排在后面,但是当家长微笑地把奖品———一本薄薄的作业本交给他时,家长的话语改变了他对我的态度,他不断改正自身的缺点,热心为集体做事,自觉遵守校规。初三毕业时,他的学习成绩已经进步到年级的400名左右,中考的总分成绩达到C等级。

苏霍姆林斯基说过，"唤起人实现自我教育，乃是一种真正的教育"。许多后进生也会做好事，做了好事后会期待老师的表扬，我们可以通过发现他们的优点，唤起他们的自信，唤起他们上进的要求。但若是忽略了，他们会由最初的渴望变为憎恨老师，认为"老师原来是偏心的，"特别是后进生，认为老师不理会他们，导致他们放弃进步，班主任需要让学生在赞扬声中寻找到自己的价值。

三、善于倾听学生的心声，及时解决问题

后进生到了初三以后，在老师和家长的教育下，产生一种前进的动力，感到自己再不好好学习，改掉身上的不良行为，就不能毕业，也对不起老师和家长的一片苦心。因此在老师面前发誓，要痛改前非，从头做起，要成为一名好学生，但是他们长期形成的松散和懒惰坏习惯，使他们难免犯错误，又不敢向其他人倾诉，只能找到自己的同类一起发泄。另外，初三的许多老师比以前的老师要求更加严格，初三的学习压力，让他们有了更大的抵抗情绪，将自己的心声对外界关闭起来。经过调查，许多后进生很少把心中的烦恼向老师和父母倾诉，他们更愿意向自己的朋友讲，但是作为班主任要对学生有所了解，那就要多听学生的意见，通过电话、网络交流、面对面的交谈、周记沟通等。

故事三：真实情感的交流——周记

"老师，开学以来我比以前早到学校，我开始能够按时交作业了，但是每天我还是喜欢看电视，每天晚上我都要看到十二点，早上上课觉得很辛苦。这次考试成绩我又考得不好，我有能力提高学习成绩吗？"这是一名后进生在周记中的真心话。我在班中开展"我和你的交流——周记沟通"的心理辅导方法，通过周记，我了解了学生的思想状况，具体问题具体处理，做到有的放矢。我要求每周的周记不论长短，但是要和自己的真实情感结合，有时我也给出主题，对于后进生的周记我往往更认真地批阅，有时我所写的看法比他们自己写的周记还要长，经常加一些字眼："你又进步了。"对于不按时完成作业的学生，我写道："我期待看到你这个星期能按时完成作业。"对于上课经常讲话、喜欢骂人的学生，我写道："我多么想听到你嘴中讲出好听的字眼。"对于常常迟到的学生，我又写道："我很希望以后早一些在学校见到你英俊的身影。"

我认为，班主任不仅要传道授业，还要像朋友一样善于倾听学生的心声，

了解他们的内心世界，随时随地同学生"心理换位"。通过周记的交流，我走进了后进生的心理，解决了他们的心理问题，帮他们树立了正确的人生观和价值观，鼓起他们前进的风帆。

四、爱心和耐心

后进生的心理特点之一：渴望被关注与自闭和破坏。后进生渴望得到别人的认可，遗憾的是由于他们存在的问题，经常遭到老师的训斥、家长的责备和同学们的排斥。他们害怕周围的一切，害怕自己难以控制而犯错误，轻者将自己的心声对外界关闭起来，重者在家经常和父母发生争执，离家出走；在课堂上对抗老师，扰乱学校正常的教学秩序；在课余打骂学生，聚众斗殴，甚至危害社会治安。实际在心理上，他们往往像没有双亲的孩子，更加需要关爱。他们通过不正当的行为使老师在表面上更加经常地"关注"他们。

一位班主任讲过，"爱心是班主任的前提，是班主任综合素质的体现，是班主任工作成功的关键"。"偏爱"后进生，是优秀班主任的标志之一。

故事四："关爱"让他实现自己的理想

99届初三毕业班的刘某，由于是家里的独子，上有三个姐姐，父母从小都对他过分溺爱，又受到社会不良风气的影响。初二时经常旷课，无心上学，没上初三前原本打算退学。我初三接手班主任工作后，首先从关心他的头发开始，由于他开学第一天没有来，开学没有拿到课本，趁着他向我要课本的机会，我对他说："昨天没有回学校，听你妈妈说你生病了，今天好一些了吗？"他听后很吃惊地看着我，我接着说："今天你很准时回学校，又主动来拿课本，学习态度不错，今后要坚持。昨天你不在，学校要求不准染发，老师相信你应该知道怎样做。"之后我对他，一切教育从爱出发，但是又严格要求，积极联系家长，通过信访、电访和家访，改变家长的思想；帮助该生克服自身的缺点和解决学习、生活中遇到的困难，找到他喜爱的科目。通过耐心细致地做思想工作和交流，他慢慢感受到老师对他的关心，虽然有反复，但是他已经乐于接受教育，不断改正错误，积极要求进步，提高了思想境界，打消了退学的念头，逐渐由厌学转为愿意学习，并积极要求加入共青团，最后靠自己努力考上了理想的学校。

由于我校周围环境的特点，学习困难生、后进生和双差生较多，因此工作上，班主任要从爱出发，积极启发引导，使学生感受到班主任是关心他们、热爱他们的。在教育过程中，"严"和"爱"要结合，针对每一个后进生的基础和特点，进行正确的心理指导和给予必要的帮助。对于学生学习和生活中的微小变化，针对他们的思想变动，及时加以引导帮助和教育，纠正学生在前进中的反复，让学生了解班主任对他们的爱，每个学生都能得到良好充分的发展。

五、集体感化和激励学生

社会心理学家认为：情感控制是一种更为有效的控制。实际上班级成员对集体的归属感，就是这种情感控制的表现。教育学生在现实的社会中，明白"适者生存"的道理，个体只有适应群体才能生存，才能推动社会的进步，让学生感受到集体的温暖，才能形成正确的人格。

故事五：集体感化引导她正常成长

2003届曾有这样一位后进生，由于家庭情况比较特殊，学习成绩又较差，同学们经常嘲笑她、捉弄她，她心中充满怨恨。在一次考试中她写道："我要报复全班，我恨全班同学。"我知道当学生心理障碍产生之后，会使教师的教育信息严重受阻，甚至教师讲的每句话即使是闪闪发光的真理，他也听不进去。特别是犯了错误的学生，他们会认为老师和同学不再信任自己、尊重自己，产生自暴自弃的行为，严重影响班集体，将来他们由于心理问题，会成为社会的"废人"。当我了解情况后，先找她谈话，排除她心中的障碍。然后让学习好的同学帮助她，又经常在班中表扬她的优点，帮她树立尊严，渐渐地同学们不再嘲笑她，自信的笑容出现在了她的脸上，她又走进了集体中。初中毕业后，由于家庭条件她没有再继续读书，她在一家工厂找到一份工作，虽然收入不高，但是她和同事关系融洽，现在由于工作需要，她参加了夜校的学习。

故事六：集体荣辱使他改正缺点

后进生张某，经常旷课，不做作业，上课睡觉。教师联合班委以及和他交往甚密的同学一起帮助他，发现一点闪光点就给予表扬，他逐渐明白由于他的经常旷课，五项评比中本班的考勤经常被扣分，由于考勤不好，班级就不能获得文明班称号，为了集体的利益，他逐渐回校上课，跟上班集体前进的步伐。

班主任要让后进生感受到集体的荣誉，珍惜集体，使他们在集体的推动下，要求自己前进，不拖集体的后退。在工作中，我注重从情感上启发和调动学生的集体意识和参与意识，重视后进生的价值，让他们做集体的主人，在集体活动中唱主角，变被动接受为主动适应，实现自我教育。

六、给学生自尊，注意对后进生进行鼓励性的评价

心理学的规律告诉我们：教师的教育在心理上从来不是单向流动的，在这个流通过程中，教师的教育态度，一经转化为学生的情感体验，学生就会产生相应的态度来对待教师。班主任对后进生爱得多，得到的爱越多；班主任对后进生尊重得越多，得到的回报也越多。每个人都是有自尊心的，后进生也一样是有自尊心的。在现实社会中其实"人无完人"，在老师眼中"十恶不赦"的后进生其实也有自己的优点，也需要别人的尊重。在教育学生和评价后进生时一定要注意尊重学生的自尊。

故事七：鼓励评价激起他前进的风帆

开学后，我找后进生梁某交谈，刚开始他一听到我找他，非常不满地说："老师，我又犯了什么错误，最近我都按时回学校，你还找我干什么？"我笑着说："没事，想找你聊一下。"和他谈话一开始我就对他开学以来的表现再一次进行表扬和肯定，接着指出他最近存在的毛病。他听后不好意思地说："老师，我尽量改正，今天我以为你会像以前的班主任一样又要批评我一通，他以前非常喜欢在全班同学面前大声批评我，有时还用脏话。你不一样，以后我会听你的话。"之后我看了他前任班主任给他的评语，这位老师在评语中这样评价他："你经常迟到，上课不认真听讲，严重违反学校的纪律。学习态度极差，长期以来不交作业，不关心集体，值日不积极，对待老师态度恶劣，不愿意接受批评，经常顶撞老师，思想道德意识差。"在期末的评语中，我对他的评价是："你有集体荣誉感，主动参加学校运动会上，努力为集体拼搏，我们班不能缺少你，……在学习上，老师期待你像在运动场上一样，积极主动，认真完成作业，专心听讲……"后来他逐渐努力学习，不再敌视我，我让他为班级做一些事情，他都能够积极完成。

后进生由于种种原因经常犯错误，其实在他们刚刚犯了错误时，都会感到后悔不迭，如果我们对于学生一味地表扬，他们最初的负疚心理也会因此变为侥幸心理，进而发展为自我暗示"犯了错也没什么了不起"，导致重犯；如果我们走另一个极端，不能容忍他们犯错误，哪怕一点的错误班主任都要施之以

辱骂或严刑，那么他们也难以容忍班主任犯错误，从此越惩罚越犯错误。因此我认为对学生的错误要进行批评，但是批评在以尊重学生为前提，以不伤害学生的自尊心为目的，采用期待式的批评，开导式的批评，建议式的批评或者激将式的批评。除口头批评教育和评价之外，每年的学生评语会激起学生下一学期的学习热情，在评语评价中我认为多用一些"假如……，我期望……"等字样，我相信对学生的鼓励又有所不同，有利于学生良性的发展。

故事八：感化引导助她成长

某届初三毕业班的学生劳某，家庭情况比较特殊，母亲靠为别人打临时工养家，有时需要她的舅舅帮补，她的父亲长期很少回家，每当父亲回家，父母之间除了争吵之外没有共同的话题。她憎恨她的父亲，同情她的母亲，但母亲过分溺爱她的弟弟，又让她觉得这个世界对她太不公平，一直希望父母离婚。由于把注意力太集中在这些方面，她无暇顾及学习，基础差、接受能力慢，在班上有些同学经常嘲笑她、捉弄她，她心中充满怨恨。

我知道当学生心理障碍产生之后，学生会怀疑教师讲的每一句话，他们会放弃参与集体的活动，内心认为老师和同学对他不尊重和不信任，缺乏了幸福感，学生会止步于困难面前，逃避社会，严重的会对抗社会或危害社会。

如何解决这个问题呢？一次放学后，由于她听写成绩不及格需要留堂，在她补完听写后，我第一次和她进行谈话，一开始我就说："你看只要你认真，你一样能按要求写出英语单词，可能别人只需十分钟，你需要半小时，但老师相信只要你继续努力，一定能提高英语成绩，你说呢？"她点了点头，接着我把话题转到她母亲身上，可能是她对母亲的孝顺，一下子她就把一肚子有关她母亲的苦水倒了出来，从这次谈话中，我了解到了她的家人，她家庭的情况，也获得她对父母关系的看法，这次谈话拉近了我们的距离。

在接下的周记中，我要全班从两个主题中选一个来写：①我的优点；②我眼中×××的优点。在星期一的班会课上，我选了个别同学读他们的周记，其中也有她一份，她讲了自己的优点："不迟到，不旷课，认真做值日。"这次班会课和周记我不仅让每位同学树立了自信心，而且让学生学会发掘别人的闪光点。我在她的周记评价中写道："感谢你为班级做值日，你是我们班不可缺少的一分子。"课余我还让学习成绩好的同学帮助她，上课时不时提问她，让她注意到我对她的重视，让她感到同学们对她的关心，她逐渐地在班中找到一两位朋友，在其他班也有关系较好的同学。她的言语多了，自信的笑容出现在她的脸上，当家里出现不开心的事，她会找我谈一下，有时在周记中也会讲一下她对班上、对同学、对家人的看法。虽然朋友不多，但是她已经不再生活在自卑、仇恨的世界里。初中毕业后，她到一所中专读书。

心理学告诉我们，教育在心理上从来不是单向流动的，在这个流动过程中，教师的教育态度一经转化为学生的情感体验，学生就会产生相应的态度来对待教师。让学生感受到班主任的温暖，形成正确人格。唤起人实现自我教育，这才是一种真正的教育。

故事九：善意的鼓励能驱逐自卑的内心

在贵州荔波二中参加组团帮扶工作期间，我们帮扶团的石老师资助了一位学生莫某，这一天，开车从荔波到资助的学生家需要一个多小时，一路都是美丽的风景，黄了的杏树，一片片的茶树，确实不需要去看黄果树，荔波每处都是风景。但是进入学生家附近的村路上时到处浓尘滚滚，在修高铁。辗转一个多小时，我们来到了学生家。学生家是低保户，走进他们家真的什么都没有，只有一台已经破旧的电脑，外面是石砖砌成的，里面是木结构。这次建高铁，高铁通过梅桃村，他们家的地需要征用，政府补偿了他们几万元，才盖了新房。石老师每月资助学生300元，直接打入学生的账户，用于基本的生活，这次我们还帮学生买了被子、鞋子、水壶和学习用具，并鼓励孩子好好读书。莫某虽然有父母陪伴，但是父母没有文化，对孩子不能指导，孩子没有目标，成绩差，没有学习的动力，个子矮小瘦弱。我们见面时，他一直不出声，都是父母在回答我们的问题。大约聊了几个小时，在我们的鼓励和引导下，孩子由不出声到后面主动帮我们拿东西，甚至在最后我们离开时，他主动地说了声"老师再见"。

在荔波看到：很多孩子们的父母不在身边，在外面打工，即使有的孩子和父母一起生活，父母也不懂得教育他们。教育成为老师，特别是班主任的事情，在执教期间，我们二中很多班主任把精力用于照顾学校的学生，舍小家顾大家，每一位班主任默默地付出，培育我们的学生。

什么是教育，教育的关键在于父母。习近平总书记指出："无论时代如何变化，无论经济社会如何发展，对一个社会来说，家庭的生活依托都不可替代，家庭的社会功能都不可替代，家庭的文明作用都不可替代。"无论过去、现在还是未来，就中国人的传统生活习惯而言，绝大多数的中国人都还是"生活在家庭之中"的。可以说，"家庭是人生的第一个课堂，父母是孩子的第一任老师"。在这里，家庭既是一个人人生起点的地方，也是一个人"梦想启航的地方"。他特别强调"我们都要重视家庭建设，注重家庭、注重家教、注重家风"的问题。只有每一个家庭都既承担起"帮助孩子扣好人生的第一粒扣子，迈好人生的第一个台阶"的重担，又承载起帮助孩子"在为家庭谋幸福、为他人送温暖、为社会作贡献的过程中提高精神境界、培育文明风尚"的重任，这样家庭培养出来的孩子才能够在"自觉承担家庭责任、树立良好家风"以及为社会做出有益贡献等方面打下良好的思想基础、品德基础和人格基础。

作为班主任，思想上要重视后进生，在平时言谈中要对他们一视同仁，尊重、信任他们，从心理上指导他们成为健全的人，用赞美、善意的语言，点燃他们心中希望之火，让他们在走出学校之后，仍然能够健康成长。

班主任要坚持教学的根本原则，把学生当作嫩芽，关注他们的人格和能力发展，用心培育他们成人，让他们具备适应终身发展和社会发展所必需的品格和能力，在社会中茁壮成长，为国家发展献上一份力。

第十四章
学生品格的自我内化

第一节　英语潜能生英语学习的问题

英语课程标准提到学校英语教学要从文化价值观看，英语学科核心素养从培育学生发展跨文化交流能力，为他们学习其他学科知识、汲取世界文化精华、传播中华文化创造良好的条件；帮助学生树立人类命运共同体意识和多元文化意识，形成开放包容的态度，发展健康的审美情趣和良好的鉴赏能力，加深对祖国文化的理解，增强爱国情怀，坚定文化自信，树立正确的世界观、人生观和价值观，为学生未来参与知识创新和科技创新，更好地适应世界多极化、经济全球化和社会信息化奠定基础。文化价值观内在促进学生英语习得，能自主学习英语，然而学生在实际英语学习中，存在以下问题。

一、缺乏兴趣，丧失学习积极性

一些学生各科成绩都较好甚至可以说是优等生，唯独英语成绩不理想。他们做理科作业时，思维敏捷，分析题目思路清晰，记忆一般性事物能力正常，也能快速背熟语文的诗句课文，但是在记忆英语的语音、单词、句子、课文时特别困难，别的学生一两遍就记住了，他们学了七八遍仍然记不住，即便当时记住，第二天又忘记。这些学生物理、化学100分能考80分以上，但是英语150分只能考60分左右，有的只有20分左右。他们对于英语不感兴趣，只是在课堂听教师讲授知识，课后从来不复习英语，利用大量的课余时间研究理化，因为他们对于理化感兴趣而对于英语不感兴趣，没有学习英语的积极性。

二、缺乏学习动机，丧失学习自控力和自觉性

一部分英语差的学生，他们不仅英语差，其他学科也不理想。这些学生表现为上课注意力不集中，不能安心听课，经常搞小动作。趁老师讲课，全班其他同学在齐读，小组练习或个别同学回答问题时，他们讲废话或做其他事情，影响课堂教学的正常进行。当教师个别提问他们时，他们经常是答非所问或者只会说"YES"或"NO"，有时甚至默不出声并用抗议、用敌视的目光望着教师。当教师要求他们练习读单词、句子或课文的时候，他们只能哑口无言或随便读几个单词。这类英语差生智力往往不差，但由于受读书无用论等影响，毫无学习动机，无心上课，更不用说自觉学习。

三、缺乏学习意志，学习方法不正确

另一些英语差的学生，有的是由于智力问题但是多数是受他们的意志影响。他们表现在朗读单词、句子或课文时，经常读错，漏字或添字，前后词序颠倒，如简单的句子"Can I get anything for you？"读成Can I get you any thank？"许多单词读成近似的单词，如"tired"读成"tried"，"thank"读成"third"，发音不准，遭到其他同学的嘲笑，学生不从自身找一下原因，而是丧失学习意志，对于英语产生恐惧感。由于读音不准又影响了听力、单词的拼写等，记单词不是漏字母就是添字母或者将一个单词的字母重新排列。如"sugar"写成"suger"，"certainly"写成"certaily"，"instead"写成"insetead"，"sign"写成"sing"。词汇又影响了句子、课文、语法和阅读等。当成绩下降时，偶尔受到教师和家长的批评，他们更受打击，学习欲望丧失，意志消沉，最终也就放弃学习英语。

学生是外语教学过程认识的主体，学生的内因是学习的关键，如果学生不参与教学活动，即使最好的教师，最好的教材，采用最好的教学方法，但是学生不听、不看、不说、不写、不记，相反故意敌视教师的教学，那么教学目标

始终也只能成为空中楼阁。对于学生学习方面来说，"学生的个性认识风格和情感因素是很重要的两个因素"，而情意，顾名思义是情感和意志。情意的狭义概念属心理意向活动范畴，是指包括动机、兴趣、情感、意志、性格、良好的学习习惯六个因素。林格伦（Lingren）通过调查得出结论，情意对学生学习的成功和失败起着十分关键的因素，他把调查研究的结构进行列表（表14-1）。

表14-1　情意对学习的影响

项目	学习成功因素		学习失败因素	
学习习惯	良好学习习惯	30%	缺乏努力	25%
兴趣	浓厚学习兴趣	25%	缺乏兴趣	35%
能力	个人智力	15%	个人问题	8%
家庭	良好家庭环境	5%	家庭问题	10%
其他	其他因素	25%	其他因素	22%

我国心理学家朱智贤教授等在《国内十省市在校青少年理想、动机和兴趣的研究》报告中阐明，中学生所学的12门功课中，他们最不喜欢的就是英语，占学生总数的29.5%。由此可见，情意起着激发、定向、推动、引导和调节学生的学习活动的动力作用。在英语教学中，只有充分发挥情意的积极作用，克服和消除情意的抑制、消极的作用，才能更有效地提高英语教学的质量和素质教育的效果。

第二节　点燃英语潜能学生英语学习内动力策略

一、激发潜能的理论基础

"学习外语的成效=函数（智力认识活动×情意因素）。"章兼中认为，情意具有两重性，远大的动机、广泛的兴趣、热烈的情感、坚强的意志和自主合作的性格以及轻松愉快的情绪是促进英语教学的肯定和激励的积极因素。另外，过度的焦虑、紧张、害怕、恐惧的情绪，厌恶的情绪，枯燥乏味、毫无兴趣、薄弱动摇的意志，依赖、自卑的性格是否定的、抑制的，是制造心理障碍的消极因素。

巴班斯基在《教学教育过程最优化》中指出：教学的发展性作用，是通过完成下列任务而得到保证的，这就是培养学习活动的技能技巧，培养知觉、注意、记忆、思维的技能和禀赋。

为了保证有效地教学，贯彻激励学生树立积极学习态度的教学原则；在教师指导作用下发挥学生在教学中的自觉性、积极性和独立性。巴班斯基还指出：（教师）要发展学生思维、意志、情感、认知、兴趣和能力的任务，培养（继续培养，巩固）一般的学习技能技巧，促进培养学习意志和毅力，培养学生学习兴趣。

二、潜能生学习英语策略指导

俗话说"人非草木，孰能无情"，英语潜能生一样是有情感的。因此根据以上的理论以及英语差生学习英语的表现和放弃英语的原因，从情意的兴趣、动机和意志出现，阐述如何激励英语潜能生学习英语。

1. 发展学习兴趣，发挥学习积极性

学习兴趣是学生积极认识事物和积极参与学习活动的倾向。作为教师，要善于调动并爱护学生学习英语的积极性，在教学上要改进教学方法，提高教学水平，把课上得生动有趣。教师可以运用实物、模型、挂图、幻灯等直观手段和现代教学媒体，可采用猜谜语、讲故事、小组竞赛等多种方式，配合适当的身体语言，创造良好的英语学习环境，激发学生学习英语的兴趣。当学生对英语产生兴趣即使出现错误时，教师要注意自身的语言，教态仍要自然、和蔼，不要打击学生的积极性。另外，教师要预先猜测学生课堂可能出现的困难，特别是英语潜能生困难更多，他们更容易放弃，因此应该以鼓励为主，鼓励他们树立克服困难、夺取胜利的信心，而不要采取"恶语"打击，辱骂学生，使他们刚产生的一点兴趣又变成了消极的态度，同时也应注意及时发现进步并给予恰当的鼓励。例如我曾教过一个班，初二升初三的英语平均分不到40分，有许多学生连26个英文字母都默写不全。面对学生的情况，我改变了教学策略，第一节课教26个字母，用有音标和图画的卡片把26个字母一个一个呈现出来，由最基础的知识教起，三节课后，这个班的学生能根据音标读出单音节单词和部分简单的双音节单词，他们似乎对英语产生了一点兴趣。接着把第四册比较难读的单词如geography，kangaroo等和相应的音标通过幻灯投影并要求他们根据音标读出单词，提问了英语潜能学生，虽然他们还不能完全读准单词的重音，但是已经能把几个音节的音标读出来而且发音基本准确，当场表扬了他们。又经过不断地渗透，这个班原来厌恶英语的学生逐渐产生了兴趣，这使他们在学习英语第四册时树立了信心，增加了他们学习英语的积极性。

在教学中为了提高英语潜能生的学习兴趣，应经常请他们参加课堂中的教学活动，使他们明白教师对他们的关注，鼓励他们在教学活动中开口。例如在学习BOOK IV Lesson37 Part2时，教师指着教室的玻璃窗说："Oh, dear! The window is so dirty. What shall we do? Can you help me, ×××?"然后一面做着擦窗的动作，一面叫着这个潜能生的名字。他很愉快地说："Yes."在他做完擦窗的动作的同时，又说："How kind! Thank you."从而引出教学内容。在这位学生回座位的时候，赞扬他："That's very kind of you."他回应道："Thank you."

通过吸引学生的兴趣，使英语潜能生和其他的学生一样达到"感知—理解—体验—共鸣—吸收"的课堂教学目的，促进他们学习英语的积极性。

2. 增强学习动机，养成学习自觉性

学习动机是维持和推动学生进行学习活动的内部动力。学生学习外语的行动是由需要引起动机的，在动机的激励下产生行动并指向一定的目标，其具体内涵如图14-1所示。

图14-1 学生学习动机内部动力示意图

由此可见，只有学生内心有学习的需要，在学习动机的推动下，进行积极的、自觉的学习，教学才能达到预定的目标，才能产生期望的效果。学生只有自己自觉地要求掌握知识，自觉地发现问题和纠正问题，自觉地拟订学习计划以及达到的目标，才能使教学获得事半功倍的效果。而我们的英语潜能生学习英语正是缺乏这种发自内心的学习动机和自觉性。因此，教师应对英语潜能生进行目的性的教育以启发学习的动机，运用多种教学方法的同时要以表扬为主，激励学习动机，减少他们学习英语的紧张、焦虑情绪和恐惧感。

在教育教学过程中，教师先引导他认识英语学习与他本人自己将来前途的利害关系，与国家建设和发展的联系，英语在现代信息如电脑中的运用，激发他内心的学习动机。设法使他在英语学习上获得成功，但是同时使他认识到学习英语的艰难性和长期性，增强他克服消极因素的内在动力，努力向正确的方向转化，确立正确的动机，形成进取的学习动机，自觉学习。

3. 培养学习意志，掌握正确的学习方法

意志是为了实现一定的目标并根据目的支配调节自己行为的心理过程。为了实现一定的目标，只有学习动机和学习兴趣而无艰苦的劳动和百折不挠的坚强意志是难以完成的。正确的英语学习方法是成功的保证，学习的成功又能激励英语潜能生继续学习英语的意志。英语潜能生往往缺少学习的意志又无正确的学习方法，经常"做一天和尚，撞一天钟"。为了激励英语潜能生的学习意志，我们应当让他们掌握正确的学习英语的方法和技巧，这也正是我们教学的任务。我们应教会学生如何记忆所学的英语知识，如何运用所学的英语知识，即教会他们如何记忆单词、句型，运用语法知识，学会阅读英语文章和书籍等，对于英语潜能生，应用最简单的方法。词汇教学采用多种教学方法：如联想法，在教book, look时引出wood，同时引导学生发现"oo"都发 [u] 音；分类法，如科目：English , biology, chemistry等，水果：apple, orange等；构词法，形容词变副词经常加ly，如wide——widely。语法教学时，采用抓关键结构法和语篇语境学习法，让学生抓住要点或记住一些儿歌，如教宾语从句时要学生记住从句一定是陈述句，主句时态是一般现在时，从句时态不用变；主句时态是一般过去时，从句时态除客观性真理之外用一般现在时，其他要变为相应的过去时态。正确而容易掌握和理解的学习方法能让潜能生在学习上少走弯路，用成功坚定他们学习英语的意志，从而能增强他们学习的信心。

发展学生核心素养，英语教师在注重培养优等生的同时更应激励英语潜能生对英语的学习。在英语教学中，对于英语潜能生除了关注他们智力的发展之外，更要激励他们学习英语的情意。从英语潜能生对于英语的学习可以明显看到，智力更多受非智力因素的影响，学习兴趣、学习动机、意志情感都是他们学习的内在动力，另外，我们要积极引导他们掌握正确的学习方法，养成英语学习习惯，自觉学习英语。

第十五章
核心素养促进个人规划成长

第一节 职业生涯规划的重要性

纲要指出，学校教育应重视更新人才培养观念。树立人人成才观念，面向全体学生，促进学生成长成才。树立多样化的人才观念，尊重个人选择，鼓励个性发展，不拘一格培养人才。《学习——财富蕴藏其中》提出终身学习的四大支柱，即学会求知、学会做事、学会共处、学会发展。2016年9月，中国学生发展核心素养总体框架正式发布，从三大方面，包含六大素养培养"全面发展的人"。实现人的全面发展是党和国家的教育方针，是我们教育工作永恒的目标和终极的追求。

根据生涯发展理论，初中阶段正处于职业生涯规划的探索时期，这是生涯发展的早期阶段，也是生涯发展的重要时期。初中阶段与青春期同步，是人生发展最为关键的时期，这个阶段发展得顺利与否将会影响人的一生。因此，如何遵循初中学生的身心发展特性和生涯发展特点，在初中阶段实施生涯规划教育，是一项具有切实意义又十分重要的工作。

卢梭在《爱弥儿》中讲道："最好的教育就是无所作为的教育，虽然看不到教育的发生，却实实在在地影响了学生的心灵，帮助他们发挥了潜能，这才是天底下最好的教育"，真正的教育是对学生心灵的唤醒。初中阶段进行职业生涯规划教育,是基础教育内容的重要补充和完善,体现以人为本的教育思想,是进一步推进和深化素质教育的有效途径,但更加是对学生人生目标的无形唤醒,它具有十分重要的意义,具体体现在以下几个方面。

一、职业生涯规划教育能提升学生综合素质

初中阶段是学生身心发展的重要阶段,是人生观、价值观和世界观形成的关键时期。职业生涯教育能帮助学生了解自我、正视自我、了解社会,知道社会对不同职业的需要,为将来走向社会做准备。学生能树立正确的人生理想,为将来面临升学或就业等做好相应的心理准备。

生涯教育激发学生学习动机,增强学生自我审视,让学生正视自己的学习现状,帮助学生将学习目标与职业兴趣结合,能够对学生未来目标进行有效引导,学生在职业生涯模拟的体验式学习和社会实践中获得成就感,减少挫败感,学会反思,增强信心。生涯教育引导学生唤醒内在的自我,对自己的兴趣、能力、价值观和个性进行探索,通过社会实践认识自己、评估自己,客观和科学地正视自己各方面,特别是学业方面,促进个人成长。在生涯教育中,学生更加注重学业之外的非智力因素,引导学生发掘职业兴趣,树立职业理想,从而增强个人的参与感和责任感。总之,生涯教育不仅促进学生个体在智力和职业方面的发展,更重要的是实现学生在生理、心理、精神、创造力等方面的发展,不断发现自身的天赋、才能和潜能,让学生走到自己所能走的高度,最大限度实现自我价值,体验幸福感。

二、职业生涯规划教育能推进和深化学生综合素质教育

教育是国之大计、党之大计。培养什么人、怎样培养人、为谁培养人是教育的根本问题。作为基础教育,我们承担着培养人的教育责任,怎样把学生培养成人、成才,社会发展需要怎样的人才?为社会培养需要的人才,我们需要制定怎样的课程?等等。通过职业生涯规划教育,学校可以有效整合德育教育、理想教育和职业教育等,开展中学生涯发展教育是全面实施素质教育、全面深化课程改革的重要内容,是切实推进素质教育的一条有效途径。新课程改革强调,培养人才要从德智体美劳全面发展上去下功夫,把立德树人融入思想道德教育、文化知识教育、社会实践教育各环节,贯穿基础教育、职业教育、

高等教育各领域，学科体系、教学体系、教材体系、管理体系要围绕这个目标来设计，职业生涯规划教育体现了新课程改革的精神，新课程改革着重强调学生的综合实践能力，这与职业生涯规划教育主题性综合实践活动的理念是一致的。实施职业生涯规划教育是落实新课程改革的一项重要举措，在学校里，职业生涯规划教育不仅教给学生知识，更让学生践行"学会生存、学会创新"的新课程改革理念。

三、国内外职业生涯规划教育体现发展素养重要性

1. 国外生涯规划

各国对职业生涯规划教育有不同的理论，职业生涯规划教育的理论基础是舒伯的生涯发展理论。舒伯最初将生涯定义为贯穿一个人整个工作生活历程的职位发展序列。1953年，舒伯根据自己"生涯发展型态研究"的结果，参照布勒的分类，将人一生的生涯分为成长期（出生～14岁）、探索期（15～24岁）、建立期（25～40）、维持期（45～64岁）、衰退期（65岁以上）五个阶段，每一个阶段都有着其发展的任务和特色。成长阶段包括三个时期：一是幻想期（4～10岁），它以"需要"为主要考虑因素，在这个时期幻想中的角色扮演很重要；二是兴趣期（11～12岁），它以"喜好"为主要考虑因素，喜好是个体抱负与活动的主要决定因素；三是能力期（13～14岁）：它以"能力"为主要考虑因素，能力逐渐具有重要作用。

美国对职业规划教育有一定的历史，1974年美国国会通过了史上第一个生涯教育法案，即《生计教育法》。1977年美国出台《生涯教育激励法》，为全国各级学校开展职业生涯教育提供了法律依据和保障。1989年美国国家职业信息协调委员会颁布了《国家职业发展指导方针》，规定职业生涯辅导要从小学起开始培养孩子的职业意识，进行与职业相关的十二种十项的能力训练。1992年发布了职业生涯发展蓝图《国家职业生涯发展指南》，这个指南阐述了四个层面的职业生涯发展目标：初等学校、中等学校、高等学校和成人学校。它将中学生的职业生涯发展规划分为两个层次；一是自我认识。认识到正视自我的作用、与他人互动的技巧以及认识到成长与改变的重要性；二是教育与职业调查。认识学习与工作的关系、认识教育成就对职业生涯机会的好处、了解工作与经济和社会的需求及功能之间的关系、了解与运用职业生涯信息的

技巧、寻找和获得工作所必要的技能知识。自20世纪以来，美国在中学生职业生涯规划教育上发展迅速，在研究理论上逐步完善，从政府角度出发在政策和法律的支持上也日益增多并且也融入了网络、软件下载等现代新兴的教育技术。

日本生涯教育发展最初提出的生涯发展教育计划由四个部分组成：生涯设计能力、生涯信息探索和利用能力、生涯意向决定能力以及人际关系能力。在日本，中学生参加"进路指导"活动，学习"进路指导"课程。1983年，日本制定了《初中和高中的进路指导入口》。根据日本文部省的精神，各学校均注意收集学生进路方面的相关信息，认真实施好进路指导课程。1999年在《关于改善初等中等教育与高等教育的衔接》报告中首次正式提出并使用"生涯教育"概念。2004年提出《培养每一个学生的职业观——推进职业生涯教育综合调查研究协会会议报告书》。目前，日本大力推进"职业生涯规划教育综合计划"，计划共分三个部分："新体验计划"（以小学至高中阶段学生为主）、"高度职业生涯计划"（面对大学生和研究生）、"自由职业者再教育计划"（针对以谋求自由职业为主的人）。

2. 国内研究现状

我国的职业生涯规划教育起步较晚，一直都未形成系统的教育体系，20世纪初，我国职业生涯规划教育的最初萌芽是以清华大学为代表的教育部对口的职业指导。1946年在上海比乐中学开展职业指导及咨询的实验活动。1986年中华职教社深圳办事处与深圳教育局联合举办了"职业指导问题研讨会"。1991年在《国务院关于大力发展职业技术教育的决定》中明确规定，90年代职业教育的主要任务之一就是在普通中学开展职业指导。1992年国家教委颁布了《普通中学职业指导教育实验纲要（草案）》，要求将职业指导教育作为普通中学教育的一个组成部分，大力加以研究和实施。1995年国家教委正式下发《普通中学职业指导纲要（试行）》的通知，对中学职业指导的原则、目标、内容、方法和途径以及管理都做出了系统规范。2008年国家教育部在《关于中等职业学校德育课程设置与教学安排的意见》中，要求把职业生涯规划作为中学必修课之一列入中职学校德育课程体系中。

2010年，纲要中就提出"大力发展职业教育"的政策，为职业生涯规划教育的重要地位奠定了伏笔。纲要指出发展职业教育是推动经济发展、改善民生、促进就业、解决农村问题的重要途径，是缓解劳动为供求结构矛盾的关键环节，必须摆在更加突出的位置。2011年，教育部在《教育部关于推进中等和高等职业教育协调发展的指导意见》中进一步明确了初中生职业生涯规划教育工作，提出了初中生职业生涯规划教育的具体规定：结合地区实际，鼓励中小学校加强劳动技术、通用技术课程教学，中等职业学校要为其提供教师、资源、场地等方面的支持，鼓励初级中学、普通高中开设职业指导课程；对于希望升入职业学校或较早开始职业生涯的初中学生，初级中学可通过开设职业教育班或与职业学校合作等方式，开展职业教育。2019年国务院印发《国家职业教育改革实施方案》（国发〔2019〕4号）提到职业教育与普通教育是两种不同教育类型，具有同等重要地位。把发展中等职业教育作为普及高中阶段教育和建设中国特色职业教育体系的重要基础，完善招生机制，建立中等职业学校和普通高中统一招生平台，精准服务区域发展需求。发挥中等职业学校作用，帮助部分学业困难学生按规定在职业学校完成义务教育，并接受部分职业技能学习。鼓励中等职业学校联合中小学开展劳动和职业启蒙教育，将动手实践内容纳入中小学相关课程和学生综合素质评价。

第二节　生涯规划存在的问题

由于学生个体素质的差异、家长的社会阅历、学校教育理念的钳制、社会文化的影响以及经济发展因素的制约等原因的综合影响，职业生涯规划教育的发展状况不佳，现归纳如下。

一、职业生涯规划教育缺少社会认同，宣传力度不够

社会环境对人们的发展影响很大。在职业生涯规划的视域下，社会舆论会影响就业方向。很多人还是认为，职业的选择是学业生涯结束后的事情，以目前中学的就读学生情况来看，初中生的年龄尚不需要面临就业问题。进行职业生涯规划教育在教育管理者、教师和家长看来都为时尚早，从而导致中小学阶

段的职业生涯规划教育缺失。政策信息、经济信息、行业信息的公开度和透明度不足。我国目前的各种经济、政策、行业等信息都是"内部信息",外界很难知晓和了解,这在很大程度上妨碍了教师在进行职业生涯规划教育的职业探索的准确度和可信度。

二、行政对职业生涯规划教育缺少制度支持

在教育行政过程中,初中生职业生涯规划教育在普通教育中是被忽视的对象。各级教育行政部门强调"升学率"。在我国的大中小城市的初、高中的校门前经常能够看见对学校升学率、学生考试成绩的分析、比较等。这种强调"升学率"的现象导致了当前我国的普通教育从义务教育阶段到高中阶段的教育目标都异化成为"升学率",而不是培养人的知识、能力、情感态度以及价值观。西方发达国家,他们的青少年很早就接受职业生涯的启蒙教育。很多国家都有职业测评组织,学校开设了职业规划课程,从多方面对中学生进行职业理念渗透教育,从小了解自己感兴趣的职业。在我国没有把帮助和指导学生进行职业生涯教育纳入现代教育体系中。很多学生丧失学习兴趣,缺少主动性,对个人前途感到迷茫。

三、学校对基础教育阶段生涯规划的认识不够

学校对职业生涯规划教育认知不够,在教育中无从下手,很多学生没有听说过或者学习到相关职业指导政策,一些政策只是在学校的层面上进行解读和学习,没有通过相应的途径让学生知晓和掌握。开展职业生涯规划教育的重要意义是通过相关政策的学习,让学生越来越重视个人的职业生涯规划和未来发展,从而帮助学生树立正确的人生理想和奋斗目标,实现人生价值。

四、父母影响子女职业生涯规划教育

中国父母对孩子教育的关注点集中在升学和就业,中国父母关心子女的教育,只是看重学历和学校的影响力,相关专业知识知之甚少,关注就业也是关注职业本身的福利待遇、工作是否体面,至于孩子对工作是否满意并不在家长考虑之列。大多数父母的教育目标就是让子女考上学校,至于今后从事什么工作和行业如何发展,父母们和孩子们都很迷茫,觉得这时考虑太早,几乎没

有认真全面地和孩子讨论过人生理想和职业选择。在生涯规划的教育过程中，初中生因为自身还是未成年人，一般关于个人的重要大事都要通过父母同意和认可才能进行，他们是依赖在父母身边的孩子。很多父母都认为初中生只要管好自己的学习，职业规划都是成年人的事，初中开始思考职业生涯规划还为时过早。部分父母也会尊重学生选择。绝大多数父母还是缺乏职业生涯规划方面的知识，无法给孩子正确的指导。有些父母还主要是根据自己对工作的了解，或者是自己的价值观、职业观，给孩子提供建议。甚至有些家长由于自身阅历的缺陷，长对职业生涯规划不了解，对孩子职业价值判断和选择，职业发展方向，指导能力有限，反而给孩子带来一些不好的影响。

五、初中生对个人职业生涯规划意识不强

初中生在将来是升学还是就业选择上不能够清楚定位。很多家长不愿意让孩子过早的考虑个人的就业问题，就是希望孩子能够继续上学，同时还有很多家长也不希望孩子升学到职业学校，他们对职业学校存在歧视，不愿意让孩子过早地接受职业规划，而是把升入高中阶段的学习作为孩子的最好出路。受家庭的影响，相当数量的孩子对自己未来还缺乏明确的规划，相信父母的安排。但是由于家庭的社会阅历以及父母职业原因，没有对孩子进行教育引导和职业指导，最终影响孩子受教育的水平，最终反而害了孩子。

六、学生缺少社会职业实践和机会体验

学校是初中生主要的学习和活动场所，社会实践活动场所较少，课程目标更多关注各科大纲要求，忽略学生的社会实践锻炼。初中生几乎没有机会在学校接触到关于社会发展动态的教育，学生家长也不会有意识地让孩子去探索自己的兴趣及职业方向。初中阶段的学生年龄还比较小，对生涯规划的教育和意识还比较弱，如果多带学生出去见识一下，对他们形成正确的人生观和职业观较有帮助。学生对他们将来从事什么行业工作的收入、社会地位情况、职业前景情况、职业对从业者的素质要求、将来会过什么样的生活方式等都感到迷茫。

第三节　学生生涯规划的实施

广州市教育局发布的（穗教研〔2018〕6号）《关于全面开展中学生生涯发展教育的工作意见》提出，中学阶段是学生世界观、人生观和价值观形成关键期，也是学生选择未来人生发展方向的探索期。开展中学生涯发展教育是全面实施素质教育、全面深化课程改革的重要内容。初中阶段聚焦学生的优势特长，侧重职业生涯探索。通过初中生涯发展教育课程与活动实施，增强学生的自我认知，培养合作能力、学习能力和生活适应能力。以初中学生综合素质评价为指导，植入生涯规划理念，开启职业导航的学习。结合综合实践活动、高中学校和中职学校校园开放日、中职学校职业体验基地活动等探索，促进学生对高中阶段学校的了解，对社会分工、职业角色的体验与认知，初步形成生涯规划的意识与能力，主动以未来职业为导向，做好学业规划和学业改进，促进自我成长。

一、生涯规划概念和内涵理解

职业生涯规划（Career Planning）也叫"职业规划""生涯规划"。它是对职业生涯乃至人生进行持续的系统的计划的过程。生涯教育是以人为本的教育，它强调每个人一生的发展，强调将每个人一生的职业活动、社会关系、素质潜能等众多因素综合提升。生涯教育具有科学性、先进性、前瞻性等特点，使得它非常具有理论价值。在对一个人职业生涯的主客观条件进行测定、分析、总结的基础上，对自己的兴趣、爱好、能力、特点进行综合分析与权衡，结合时代特点，根据自己的职业倾向，确定其最佳的职业奋斗目标，并为实现这一目标做出行之有效的安排。

职业生涯规划是指个人在生涯发展历程当中对自身各种特质及外界进行探索的过程，职业生涯规划是一个长期过程，一个人从小到老的过程都是职业生涯规划的过程。职业生涯规划最早起源于1908年的美国。有"职业指导之父"

之称的弗兰克·帕森斯针对大量年轻人失业的情况，成立了世界上第一个职业咨询机构——波士顿地方就业局，首次提出了"职业咨询"的概念。到20世纪五六十年代，舒伯等人提出"生涯"的概念，于是生涯规划不再局限于职业指导的层面，而是拓展到人们生活的各个方面。职业规划有两个主要目的：第一个目的是找到适合自己的工作，第二个目的是为了通过规划求得职业发展。

初中生的职业生涯规划教育，可以使学生在初中生阶段认识自我、认识职业、认识教育与职业之间的关系、学会职业决策，从小根据自己的兴趣确定职业目标，从知识技能和综合素质上锻炼自己，提升职业竞争力。初中生的职业生涯规划教育立足于学生的终身学习和长远发展，为学生提供一个能够体现自我价值和生命意义的教育环境，引导学生关注自我生命质量，学会自我发展，学会与他人共存。

二、加大宣传，让社会、家庭及学校重视初中生职业生涯规划教育

加强宣传力度，让社会、家庭、学校充分了解国家颁布的有关职业生涯教育的各项法规和制度，了解到初中生职业生涯规划教育的重要意义，进而能争取社会对职业生涯规划教育的支持与参与。当地教育主管部门还要通过电视、广播、报纸等媒体，大力宣传职业生涯规划教育的重要意义，积极引导社会全面、合理地看待初中生的生涯规划教育，营造学校积极参与，学生教师拥护，社会广泛支持的良好氛围。

三、树立榜样，聘请成功人士到学校现身说法

初中生喜欢模仿偶像，榜样对初中生的成长有暗示作用。做好初中学校职业生涯规划教育可外聘导师，邀请社会成功人士到学校开展有关的职场和人生的职业规划的报告会和讲座。通过专题讲座、报告会等形式，成功人士能近距离地和学生沟通，面对面地来解答学生将来在职业生涯过程中可能遇到的各种困惑或问题。学校邀请优秀毕业生现身说法或者学生家长和社会各行各业人士来学校介绍他们的职业情况，加深学生对各行各业的了解，及所需的能力，提高对职业生涯规划意义的认识。

四、转变观念,学校探索职业生涯教育新途径

1. 改变教师、家长观念

为了有效改善当前初中生职业生涯规划教育现状,学校要通过家长会、学生大会向家长和学生大力宣传职业生涯规划教育,让家长和学生充分了解国家颁布的相关职业生涯规划教育法规和政策,了解初中生开展职业生涯规划教育的重要意义,进而能让家长和学生对职业生涯规划教育予以认可。学校还可以利用校园网站、广播、宣传栏等宣传途径,如在学校主页上安排职业生涯规划教育专栏,引导学生到官方网站上学习相关知识,了解个人职业兴趣、能力及各种职业所需要求,目前网络也是交流的重要平台,学生可以在这汇聚思考,进行个人探索和职业探索。学校还可以通过开展丰富多彩的职业体验、职业设计和职业创新等活动,在举办各项活动的同时,做好相应的组织和宣传工作,形成良好的职业生涯规划教育氛围,启发学生的职业生涯规划意识,帮助中学生合理地思考和规划个人的职业生涯。

2. 加强职业指导教师培训,开设生涯规划课

学校要开展好职业生涯课程,必须要有一支专业的职业指导教师队伍。目前,初中学校几乎没有专职的职业规划指导师。初中学校要聘请一些优秀技术骨干、劳动模范或借用高校的职业规划指导师来担当教师。在学校开始生涯规划课,开设一些关于生涯规划社团课时,教师在课堂中要将很多的有关职业生涯规划的知识结合起来,发挥学生社团在职业生涯规划教育中的作用,如旅游课程,不仅要讲授简单的自然、人文景观的知识,还要指导学生如何策划一次旅行计划,整个方案有资金筹集、路线安排和生存能力考验等。学生在与职业生涯规划相关的学习和活动中,增强学生职业生涯规划意识,提高个人的综合素质。

3. 将课堂作为职业生涯规划教育渗透的主渠道

教师可以将生涯发展理论融入各科的教学中,在相关课时内融入与生涯发展有关的活动,配合现有课程设计课堂教学。在教学设计中,从初中学生的年龄特点出发,根据学生所能达到的生涯发展指标,尊重他们的语言习惯和审美情趣,在本学科教学目标的基础之上设计与生涯发展有关的教学环节,以促进学生将书本知识与现实生活相联系,并从中促进学生的组织、协作等能力的培

养。生涯发展任务在不同阶段的社会关系面前也在不断变化发展,融入教学活动中的生涯规划课程也应该是动态的。政府、学校及有关的职业辅导机构应在基础教育阶段便提供职业教育,使学生对就业有足够的认识。在小学、初中、高中课程中,都应渗透职业生涯教育的内容,并且互相衔接,在充分重视职业教育的前提下,制定普通教育与职业教育互相渗透的政策,通过政策的导向作用,使学生和家长逐渐认识到职业生涯教育的重要性。

4. 利用资源,开设多种形式的社会体验活动

职业生涯教育要把学习和工作结合起来,将学生带进一个丰富多彩的外部世界,学校可以充分利用各级各类青少年教育基地、职业体验基地、公共文化设施生涯教育活动,拓展学生的生活技能训练和体验,寒暑假鼓励学生深入各行各业,广泛开展社会实践活动。例如到肯德基、麦当劳做志愿者,到商店、超市当服务员,到街上当交警的义务协管员,或到企业当产品推销员。通过这些活动,使学生得到不同职业、不同层面的真实体验和亲身感受。

5. 家校合作,引导父母积极参与学校的职业生涯规划的教育

在职业生涯理念上,家庭对学生个体的影响,是学校不可取代的。父母除了为子女提供物质、信息等各方面的支持以外,还隐性地对子女的观念产生潜移默化的影响,包括对自身的定位,对社会的认识以及对未来发展的选择。通过家校联合方式,利用好家长会、家委会、家长教师交流会等制度,了解家庭在子女职业生涯规划方面的教育情况和需求,指导好家庭的教育,也要采纳家长建议,充分利用家庭的社会资源协助学校组织开展实践活动,如邀请家长为学生开办讲座,为学生提供职业参观与体验的场所等。

总之,发展学生核心素养要让学生树人目标,实现立德树人任务,在初中阶段,对学生进行系统的职业生涯规划教育十分必要,是社会、学校和学生共同发展的必要环节。

第十六章
核心素养关注个体行为

第一节 阻碍素质发展的学生问题行为成因和原因思考

青少年身心发展是人一生发展最特殊的时期，长期以来，家长和学校对学生智力发展的重视远远胜于对他们人格发展的重视，我们忽视了教育最重要的目的是使青少年健康成长。当学生的行为和家长、学校以及社会要求的目标不一致时，就出现所谓的问题行为。中学生问题行为是中学生个体在社会和学校学习和生活过程中所出现的各种适应不良的行为，这种不良行为包括学习问题行为、品德问题行为、人际问题行为和身心问题行为。近年来，由于互联网的普及，各种不良信息大量泛滥，进一步毒害着青少年的心灵，中学生问题行为出现低龄化、群体化、外显化，因此矫正中学生的问题行为，直接关系到学生个性健康发展、学校文化建设发展甚至一个民族素质的提高。

在学校德育工作中，初中阶段学生问题行为应该是德育重点工作之一，然而长期以来由于班主任工作的繁重，忽略对学生问题行为的关注，发展学生素养先要从学生心理、家庭、社会和学校分析学生问题行为的形成原因，真诚了解和沟通，走进学生的内心世界，把握教育转化的关键。

一、学生问题行为成因

学生问题行为指学生违反社会规范和学校规章制度要求行为，学生问题行为的产生原因是多方面的、错综复杂的，在班级教育管理过程中，只有准确分析和把握学生问题行为的原因，根据原因提出相对应的策略，才能优化教育管理，使学生健康成长。初中学生问题行为包含内在和外在原因，内因是问题行为产生和变化根本原因，外因是问题行为产生和变化必要条件。

1. 内在因素

内在因素指学生内在的主观体验、内在感悟。例如学生对集体的归属感、责任感的体验，对班级价值观、活动目标的理解和赞同，对自己的角色、地位的认识，对自己的期望和抱负水平，对班级评价的公平感，班级活动与学生兴趣的吻合，这些因素对学生的积极行为产生很大的影响。教师在班级管理中应引导学生对班级的各方面问题进行正确认识，学会正确归因，使学生在主观上产生有利于良性行为发展的体验，使良性行为成为学生在班级中的主导行为。

2. 外在因素

外在因素指影响学生问题行为的客观环境因素，学生学习或生活的班级活动目标、班级活动、班级对个体才能发挥和特长发展营造的氛围，这些因素对学生良性行为产生具有重要影响，班级管理者注意营造良好的环境，对学生良性行为给予赞赏，让学生转化行为得到肯定、强化，使学生逐渐形成良好的习惯。

3. 综合利用因素

班级学生的良性行为是外在客观因素和内在个体主观体验共同作用的结果，教师应充分利用各方面积极因素，为学生良性行为发展营造良好的环境，创造更好条件，使学生良性行为得到不断的肯定和激励，引导和促进学生良性行为的持续发展，形成内在、良好的行为习惯。

二、学生问题行为形成原因

1. 学生发展过程的心理问题

马斯洛的层次需求理论指出自尊需要是人最高层次需要之一。表面上，许多有问题行为的学生没有荣誉感和羞耻心，对自己的行为不负责，实际上，他们有自尊心，有自尊的需要，渴望得到别人的尊重。当他们受到批评、指责、处罚、冷遇时，当自尊心和自卑感相对立时，他们以对抗形式表现出来"问题行为"。

问题行为学生渴望别人的理解，当渴望理解与疑惧抵触并存时，会加剧问题行为的发展；问题行为学生道德意志薄弱，自制力差，不能有效地控制自己的问题行为，当问题行为出现成为习惯后，想改变它需要付出很大的意志力，改过愿望与管不住自己存在矛盾时，学生的行为又成为问题行为。

2. 家庭原因

父母是孩子的第一任老师，家庭是孩子成长的重要环境，然而我国没有针对家长的教育学校，家长都是自学成才。家长文化程度、对教育的理解、态度、观念以及方式不同，和孩子沟通能力的差异甚至对学校教育参与程度等，都在一定程度上对孩子的教育产生不同的效果。问题行为较严重的来自家庭问题，如家庭成员关系的紧张、家庭破裂、家庭变故等，都能成为学生产生问题行为的重要原因。家长本身不良行为对孩子影响，家庭中父母过度溺爱，对学生问题行为放纵或者简单粗暴的教育方式，容易导致学生问题的产生和恶化。

3. 学校原因

学校是学生成长的重要地方，在青少年成长过程中发挥主导作用，学校教育中忽视关注学生问题行为产生的原因，没有根据原因寻找对应的方法，不仅造成对学生的伤害，而且还直接导致学生问题行为的恶化。在学校内，一些教师对问题学生教育方法不当，出现歧视、体罚，使学生对教师和学校产生敌意，对自己失去信心，故意做出违规行为。另外，学生中不良行为习惯的互相影响，传播了不良的问题行为。

4. 社会原因

社会的不断进步同时也给教育带来了很多挑战，信息迅速传播，人们不同价值取向、思维方式、思想道德的影响，网络不负责任信息的传播，电影、电视剧中对暴力、犯罪现象的过分渲染等，给学生提供了某些问题行为的反面教材，由于学生判断是非能力有限，以上种种成为学生问题行为的重要诱因。

第二节　学生问题行为转化方法

一、真诚了解和沟通，走进学生的内心世界，把握教育转化的关键

学生只有认识到自己存在的问题行为，才能产生改变自己行为的愿望，帮助学生正确认识自己存在的问题，提高学生是非辨别能力，引导学生分析问题行为的危害性，促进学生改变问题行为。

1. 了解学生，把握转化关键

问题行为的产生既源于外因，也隐藏在内因中，教育工作者转化学生问题行为必须深入学生的内心世界，了解学生的真实想法，才能把握问题的关键，找到突破口。由于种种原因，如问题行为学生缺少家庭、教师和同学的关心和爱护，常常遭遇尊重和信任危机，造成自我封闭、自我孤立、不容易与人沟通，过度自我保护，甚至与班级对抗。

尊重、理解是转变学生问题行为的有效基础，我们要理解、尊重和信任他们，打开他们的心结，走进他们的内心世界。通过沟通、了解学生的整体情况，把握特点，用心倾听、巧妙引导，得到更多有效的信息。

为了了解班级和学生个体的具体情况，我们要调查了解学生的实际情况，针对性地实施教育，全面深入地了解学生问题行为的现状以及原因，以便对症施教。要注意客观地、实事求是地了解学生的真实情况，不能带有主观成见或个人的感情色彩，否则会影响调查结果的客观真实性，导致教育措施的不当。对调查结果进行客观细致的分析，既要看到学生的思想、行为表现的现状，又要深入地分析其原因，全面把握学生的个性特点、思想动态、行为表现等，只有这样，才能对症施教。

2. 班级活动渗透，构建情境感染转化氛围

班级活动的主体是学生，班级活动不仅利于促进班级发展，还能促进学生健康成长。活动渗透情感，人的情感总是在一定情境中产生的，情境激发人的

情绪、情感，班级活动设计要注意学生的情感激发。教师根据班级学生问题行为的实际，有目的、有计划地策划和组织引导学生参与的各种活动，设计班级活动要考虑学生情感，教师利用或创设各种各样教育情境，利用情境育情，使有问题行为的学生在情感上受到感染，引发学生内心情感体验，激发他们向良性行为转化的动机。

加强问题行为学生在班级活动中和其他同学接触联系，发展兴趣爱好，培养独特个性，在活动中展示自己的能力，得到周围同学的肯定，获得体验，从而改进个人的行为；在班级活动中自然感受，通过内心的主观体验，产生良性行为的内在动力。班级活动不仅使问题行为学生走出封闭，扩大视野，培养责任感，而且形成良好心理素质，提高心理健康水平。

二、明确共同目标，提升问题行为学生转化自我驱动力

学生对问题行为有了正确认识和转化的愿望，教师引导学生良好的行为逐渐取代原来的问题行为，在这个过程中需要进一步巩固和加深学生对问题行为危害性的认识，增强良性行为自觉性，提高自我控制能力。

1. 确定目标，逐步转化

目标是行动所要达到的预期结果，心理学把目标设为诱因，目标作为一种诱因，既是行动的方向，又是行动的动力，它能激发人的动机，引发相应的行为，最终达到目的。适合的目标，对个人的行为具有强烈的导向和激励作用。

教师在对问题行为学生了解后，根据他们的实际情况，共同规划在一定时间内要达到的目标，将目标分解成一定层次，逐渐落实，通过一定的措施，努力使目标实现，有助于促进学生自我控制、自我管理能力的提高，学生在明确的目标引导下不断进步和发展。

2. 规范制约，形成自化

班级规范从实质上讲是一种群体规范，是班级学生必须共同遵守的规定和准则，对学生的思想和行为起到导向约束作用。制定有效的班级规范，对学生思想和行为起规范约束作用，实现学生从"他律"到"自律"的转变，使班级管理有章可循，有利于班级学习、生活等各项活动顺利进行。班级规范是班级成员得以维持、巩固和发展的支柱。班级规范被学生接受、认同的程度越高，学生关系越密切，班级越团结，越有利于构建优秀班集体。

对于问题行为学生也一样，目标的实现需要一定的规范，用规范、制度等约束学生行为，帮问题行为学生遵守规范，督促他们自觉地按照规范的要求，自我约束、自我管理，成为有效的管理手段，促使学生逐步形成良好行为。

3. 舆论影响，加强转化外力

健康的班级舆论是形成良好班集体不可缺少的一个条件，又是良好班集体形成的重要标志之一，也为问题行为学生创造转化良性行为环境。

舆论影响是通过健康向上的集体舆论形成积极的、浓厚的班级学习、生活的环境氛围，从而对身处其中的每一个学生产生潜移默化影响的方法。

集体舆论指班级中占优势的、为多数人所赞同的言论和意见，教育管理者引导学生建立一种健康舆论，健康舆论是一种隐性规范，通过及时对班级中的每个学生的言行给予肯定与否定，赞誉或谴责的评价，起着直接的导向、监督和调节的作用，成为影响学生行为的一种巨大的教育力量。健康、向上的舆论能够使学生明辨是非，有助于自觉地根据班级的舆论调整自己的言行。

三、转变思维方式，调整教育方法，优化教育实效

问题行为转化的最终目标是以良性行为方式完全取代问题行为方式，形成良好的行为。当学生建立了正确的行为，并不意味着教育结束，教师必须继续采取有效的措施，激励和强化良性行为，巩固教育转化效果，直至问题行为不再反复。

学生处于身心迅速发展时期，心理可塑性很大，学生的心理承受力不够强，面对社会的各种影响以及学习压力、人际交往的困惑，学生容易产生各种不良情绪或心理障碍，从而做出许多问题行为，教师必须掌握一定的心理学知识和方法，对学生进行心理疏导，以消除学生的不良情绪或心理障碍，如认知疏导法。

教师运用心理学知识、方法对学生给予辅导、疏导或进行沟通，解开学生心结，使学生保持心理平衡，促进其心理健康发展。在教育转化学生问题行为时，转换思维角度，站在学生立场上分析学生问题行为产生的原因，了解学生情感体验，寻找适合学生特点而且容易为学生所接受的教育方式方法。在教育过程运用的案例要贴近学生的实际，理性分析，引导学生深入思考，促进学生思想转化，保证教育措施实效性。课堂上可以采用讨论、辩论、竞赛等多样

化、富有时代色彩的活动方式，吸引学生参与，使学生在参与活动中受到感染和教育。教师注意根据学生行为的变化，及时调整教育的内容和策略，提高教育内容和教育方法针对性，从而保证教育实效性。

学生问题行为转化，关键在于找出问题行为的原因，帮助他们建立正确的行为方式，形成良好的行为习惯。在转化教育管理过程中，注意根据学生年龄特点的变化，逐渐引导学生学会深入思考，帮助学生提高认识、选择判断以及自我教育管理的能力，引导学生从自身出发，分析原因，正视自己的不足，主动承认错误，从根本上解决问题行为。每个阶段设立目标，密切注意学生的变化，给予鼓励，充分调动学生自觉性和积极性，帮助学生自立、自强，创造机会让学生体验自我、超越快乐，促使学生形成追求成功、实现自强的行为模式，使问题行为逐渐转化为良性行为。

参考文献

[1] 王蔷.从综合语言运用能力到英语学科核心素养：高中英语课程改革的挑战[J].英语教师，2015（16）：6-7.

[2] 李慧芳，王慧.通过美剧学习培养中学生英语核心素养的行动研究[J].中小学英语教学与研究，2017（2）：19-24.

[3] 陈艳君，刘德军.基于英语学科核心素养的本土英语教学理论建构研究[J].课程·教材·教法，2016（3）：50-57.

[4] 顾明远.国家中长期教育改革和发展规划纲要（2010—2020）解读[M].北京：北京师范大学出版社，2010.

[5] 肖川.义务教育英语课程标准解读[M].北京：北京师范大学出版社，2012.

[6] 广州市教育局教学研究室.广州市义务教育阶段学科学业质量评价标准（英语）（7~9年级）[M].广州：广东教育出版社，2013.

[7] 林崇德.21世纪学生发展核心素养研究[M].北京：北京师范大学出版社，2016.

[8] 黄甫全.现代课程与教学论[M].北京：人民教育出版社，2011.

[9] 黄国文.语篇·语言功能·语言教学[M].广州：中山大学出版社，2002.

[10] 贾国恒.情景语义学研究[M].北京：中国社会科学出版社，2012.

[11] 张德禄.语篇分析理论的发展及应用[M].北京：外语教学与研究出版社，2012.

[12] 张春柏，舒运祥，等.英语八年级下册A[M].上海：教育出版社，2010.

[13] 张春柏，舒运祥，等.英语八年级上册A[M].上海：教育出版社，2010.

[14] 广州市教育研究院.阳光评价学业评价[M].广州：广州出版社，2015.

[15] 叶澜."新基础教育"论：关于当代中国学校变革的探究与认识[M].北京：教育科学出版社，2006.

［16］张春柏,舒运祥,等.英语九年级上册A［M］.上海：教育出版社,2010.

［17］张春柏,舒运祥,等.英语九年级下册A［M］.上海：教育出版社,2010.

［18］苏丽娟.语境理论在高中英语阅读教学中的应用［D］.石家庄：河北师范大学,2012.

［19］王立秋.基于语境理论的高中英语词汇教学的实证研究［D］.南京：南京师范大学,2014.

［20］陈洁.基于语境的高中英语词汇学习研究［D］.苏州：苏州大学,2014.

［21］肖肇威.斯韦恩输出理论指导下的英语阅读课文教学［J］.教学与管理,2011（30）：109–110.

［22］黄国文.语篇分析与话语分析［J］.外语与外语教学,2006（10）.

［23］周红.近二十年来国内语篇理论研究述评［J］.安庆师范学院学报（社会科学版）,2014,33（5）：46–50,64.

［24］Krashen S. *The Input Hypothesis*［M］.London Longma：*Issues and Implications*,1985.

［25］田秋华.微型课程及其开发策略［J］.课程·教材·教法,2009（5）：3–8.

［26］马姗姗,丁杰,赵思莉.中国传统价值观在当代青少年中的传承现状调查［J］.蚌埠学院学报,2015（5）：164–169.

［27］白春阳.社会信任的基本形式解析［J］.河南社会科学,2006（1）：4–6.

［28］胡春洞.英语教学法［M］.北京：高等教育出版社,1993.

［29］湖泓.外语素质培养概论［M］.湖北：湖北教育出版社,2000.

［30］中华人民共和国教育部.普通高中英语课程标准（2017年版）［M］.北京：人民教育出版社,2018.

［31］胡曙中.语篇语言学导论［M］.上海：上海外语教育出版社,2012.

［32］余文森.核心素养导学的课堂教学［M］.上海：上海外语教育出版社,2017.

［34］胡继渊.让教育走向生命世界：杜威与陶行知生命化教育观的比较研究［J］.外国中小学教育,2007（9）：5–9.

［35］广州市教育研究院.2017年广州市初中毕业生学业考试年报［M］.广州：广东教育出版社,2018.

[36] 广州市教育研究院.2018年广州市初中毕业生学业考试年报[M].广州：广东教育出版社，2019.

[37] 曹卫真.现代教育技术在学校管理中的应用[J].电大教学，2001（4）：8-11.

[38] 徐福荫，袁锐锷.现代教育技术基础[M].北京：人民教育出版社，2005.

[39] 张德禄，苗兴伟.功能语言学与外语教学[M].北京：北京师范大学出版社，2005.

[40] 鲁宏飞，沈艳华，魏馨.学校文化建设与管理研究[M].上海：华东师范大学出版社，2007.

[41] 刘正伟，黄君艳.规范与个性：学校文化建设的问题与思考[J].教育发展研究，2010，30（10）：79-83.

[42] 刘艳茹.外语微课多模态话语分析研究[J].沈阳农业大学学报（社会科学版），2019，21（4）：487-490.

[43] 谭美玲.高中英语阅读课视频语料的多模态功能分析[D].重庆：重庆师范大学，2019.

[44] 程艳.基于个案的多模态语篇语用研究[J].中国民航飞行学院学报，2018，29（6）：43-48.

[45] 董志友.多模态语篇研究的理论探索[J].哈尔滨师范大学社会科学学报，2017（6）：82-84.

[46] 冯德正.多模态语篇分析的基本问题探讨[J].北京第二外国语学院学报，2017，39（3）：1-11.

[47] 李朝阳.高中英语教材的多模态性话语分析[D].重庆：重庆师范大学，2017.

[48] 许少琼.大学英语PPT课件多模态语篇的意义构建[D].漳州：闽南师范大学，2017.

[49] 谢晓慧.多模态语篇的意义构建[D].漳州：闽南师范大学，2015.

[50] 张德禄，李玉香.多模态课堂话语的模态配合研究[J].外语与外语教学，2012（1）：39-43.

[51] 张德禄.多模态话语分析综合理论框架探索[J].中国外语，2009（1）：24-30.

[52] 朱永生.多模态话语分析的理论基础与研究方法[J].外语学刊，2007，

（5）：82-86.

[53] 胡壮麟.社会符号学研究中的多模态化［J］.语言教学与研究，2007（1）：1-10.

[54] 张德禄，苗兴伟，李学宁.功能语言学与外语教学［M］.北京：外语教学与研究出版社，2008.

[55] 金陵.新体系：扬弃、创新、实践、超凡：解读微课程教学法的关键词［J］.中国信息技术教育，2019（21）：21.

[56] 刘素芹.学校课程体系的新元素：微型课程［J］.软件导刊，2007（2）：16-17.

[57] 张康桥.在教育家的智慧里呼吸［M］.上海：华东师范大学出版社，2012.

[58] 章兼中.外语教育学［M］.杭州：浙江教育出版社，1999.

[59] 巴班斯基.教学教育过程最优化［M］.北京：教育科学出版社，2001.

[60] 刘建华.中学英语创新教法（"思维训练方案"）［M］.北京：学苑出版社，1999.

[61] 莎朗·D.克鲁斯，凯伦·S.路易斯.建构强大的学校文化：一种引领学校变革的指南［M］.朱炜，刘琼，译.北京：北京大学出版社，2013.

[62] 刘冬桂.班级教育管理通论［M］.广州：广东高等教育出版社，2008.

[63] 林崇德.发展心理学［M］.北京：人民教育出版社，1995.

[64] 李晓东.发展心理学［M］.北京：北京大学出版社，2013.

[65] 王鉴.班级心理学［M］.北京：北京师范大学出版社，2011.

[66] 亚伯拉罕·马斯洛.动机与人格［M］.3版.许金声，等，译.北京：中国人民大学出版社，2013.

[67] 叶澜."新基础教育"论：关于当代中国学校变革的探究与认识［M］.北京：教育科学出版社，2006.

[68] 周勇.论教育文化研究：兼谈当代中国教育研究的困境与出路［J］.教育发展研究，2000，20（7）：13-16.

[69] 韩延柱.如何创建良好的班级文化氛围：浅谈对班级文化建设的初步认识和构想［J］.读写算：教育教学研究，2013，13（18）：108.

[70] 章玉安.关于建设优秀班集体的实践与思考［J］.中国教育学刊，1997

（2）：26-29.

[71] 金河岩.学校教育心理学［M］.北京：科学出版社，2008.

[72] 薛晓阳.学校精神文化建设的新视野［J］.教育研究，2003，24（3）：26-31.

[73] 顾雪英.当代大学生职业生涯规划［M］.北京：高等教育出版社，2011.

[74] 顾雪英.中学生升学与择业指导［M］.南京：江苏科学技术出版社，2003.

[75] 刘树林.职业生涯设计教育的科学性、实效性探索［J］.机械职业教育，2011（6）：18-19，24.

[76] 陈慧.浅谈职中学生职业生涯规划的实施：由"老师，我后悔了"想起的［J］.时代教育（教育教学版），2011（12）：236，263.

[77] 程利娜.普通高中生职业生涯教育现状的调查研究［J］.中国科教创新导刊，2010（29）：93-94.

[78] 史景轩，王印华.日本职业生涯教育及其启示［J］.职业技术教育，2007（2）：90-91.

[79] 张海春，段彦艳.国外中学生职业生涯规划概览［J］.教学与管理，2008（36）：156-158.

[80] 董巧，向丽，祝文慧.基础教育阶段推行职业生涯教育的问题与对策：武汉市为个案的调查分析［J］.教育发展研究，2007（3）：52-55

[81] 周多道.职业生涯规划教育在德育工作中的地位和作用［J］.滁州职业技术学院学报，2006（2）：33-35.

[82] 徐航航.学生发展核心素养视角下中学生涯教育的教育功能探索［J］.中小学心理健康教育，2017（14）：26-27.

[83] 李月琴.初中生职业生涯规划实证研究：以常州市Y公办初中学校为例［D］.南京：南京师范大学，2018.

[84] 罗媛媛.初中生职业生涯规划的问题及对策研究：以南京市G区为例［D］.南京：南京师范大学，2013.

[85] 王美凡.中职生职业生涯规划教育现状及实施途径研究［D］.桂林：广西师范大学，2005.

[86] 王莉.论初中职业生涯教育［D］.济南：山东师范大学，2009.

[87] 李宝丽.中职生职业生涯规划的问题与对策：以南京市浦口区职业学校为例[D].苏州：苏州大学，2009.

[88] 吴炳进.高中生生涯发展现状与教育对策研究：以梧田高级中学为例[D].金华：浙江师范大学，2009.

[89] 刘莎莎.重庆初中生职业生涯教育现存问题及对策研究[D].重庆：西南大学，2009.

[90] 李馨.美国20世纪70年代后中学职业生涯教育研究及启示[D].长春：东北师范大学，2008.

[91] 杨靖.从美国生涯教育的经验看我国普通高中生涯教育及其课程设置[D].天津：天津师范大学，2007.

[92] 中华人民共和国教育部.教育部关于推进中等和高等职业教育协调发展的指导意见[J].职教研究，2016（4）：33-36.

[93] 王艳萍.初中阶段的生涯规划[J].出国与就业（就业版），2010（18）：47-48.

[94] 余强基.当代青少年学生心理障碍与教育[M].北京：北师大学生出版社，2001.

[95] 景怀斌.儒家式应对思想及其对心理健康的影响[J].心理学报，2006，38（1）：126-134.

[96] 陶芳标，张金霞，毛琛，等.抑郁、焦虑症状与中学生多种危害健康行为[J].中国学校卫生，2004，25（2）：131-133.

[97] 黄希庭，张进辅，张蜀林.我国五城市青少年价值观的调查[J].心理学报，1989（3）：274-283.

[98] 张静.当代大学儒道传统价值观与心理健康的关系研究[D].长春：吉林大学，2009.

[99] 孟昭兰.情绪心理学[M].北京：北京大学出版社，2005.

[100] 马斯洛.人的潜能和价值[M].林方，等，译.北京：华夏出版社，1987.

[101] 王极盛，邱炳武，赫尔实.中学生抑郁与焦虑的关系研究[J].心理科学进展，1998（3）：63-65.

[102] 黄希庭.人格心理学[M].杭州：浙江教育出版社，2003.

[103] 荆其诚.简明心理学百科全书[M].湖南：湖南教育出版社，1991.

[104] 张松,张德山.焦虑的本质与矫正[J].许昌师专学报,1998(1):3-5.

[105] 王文静.个案社会工作在治疗大学生焦虑中的运用研究:以L市X高校为例[D].兰州:西北师范大学,2013.

[106] 杨国枢.中国人的心理与行为:本土化研究[D].北京:中国人民大学出版社,2004.

[107] 黄光国.儒家价值观的现代转化:理论分析与实证研究[M].天津:天津人民出版社,1995.

[108] Kahn.H.*World development:1970 and beyond*[M].London:Croom Helm,1979.

[109] 张进辅,张昭苑.中国大学生传统人生价值观的调查研究[J].西南师范大学学报(人文社会科学版),2001(1):44-49.

[110] 吴伟东.当代大学生的儒家伦理承继[J].青年探索,2005(5):40-42.

[111] 许燕.北京大学生价值观研究与教育建议[J].教育研究,1999(5):33-38.

[112] 弗兰克·格布尔.马斯洛心理学[M].吕明,陈红雯,译.上海:上海译文出版社,2006.

[113] 赵国祥.心理学概论[D].北京:光明日报出版社,2007.

[114] 张松,张德山.焦虑的本质与矫正[J].许昌师专学报,1998(1):3-5.

[115] 梁世钟.当代大学生的传统价值观调查研究[J].金华职业技术学院学报,2010(2):72-75.

[116] 段泉泉,胜利,沈学武,等.SAS及SDS在中国应用状况分析[J].临床心身疾病杂志,2012,18(4):XII-XIII.

[117] 聂衍刚,郑雪.中学生人格特点和发展现状的研究[J].心理科学,2004(27):1019-1022.

[118] 童辉杰,杨雅婕,梁世钟.传统价值观接受程度及其对心理健康的影响[J].中国健康心理学杂志,2010,18(1):105-109.

[119] 柴欣.天人和谐信念与大学生心理健康关系的实证研究[D].北京:清华大学,2007.

[120] 郭斯萍.无我之我:程朱理学之精神自我思想研究[M].济南:山东教育出版社,2012.

[121] 焦奇岭,彭海芹.262初中家庭环境与焦虑的相关研究[J].中国健康心理学杂志,2007(15):650-651.

[122] 谷佩,邸玉玲,任彩萍,等.儒家应对方式与中学生焦虑的关系[J].中国健康心理学杂志,2015,23(9):1367-1370.

[123] 陈淑玉.四大心理障碍让中学生苦不堪言[J].首都食品与医药,2005,12(9):28-32.

[124] 彭晓玲,周仲瑜,柏伟,等.大学生价值观与心理健康相关性调查分析[J].重庆科技学院学报,2005(2):62-66.

[125] 曾屹丹.价值观冲突对心理健康的影响[J].渝西学院学报(社会科学版),2004(4):90-91.

[126] 张静.培育文化精神是特色学校建设之魂[J].中国教育学刊,2011(10):88-89.

后 记

"培养什么人"是我们教育的首要问题,现代化教育就是培养人的现代化,中小学是按学科进行教育的,因此人在学科教育中得以培育。学科核心素养是学科本质的体现,学科本质包含价值与精神(内层)、方法与思想(中层)和问题与概念(外层)的三重结构。每个学科对学生的发展价值,除了知识领域外,我们更应该挖掘育人价值,英语学科教学同样不能局限于英语这个学科,更加要挖掘它的价值与精神,实现学科与大教育的贯通,让英语核心素养教育根植于学生内在。学生在英语学习过程中,树立正确的价值观,提升能力,发展个人品格,培育英语核心素养,使灵魂得到洗涤。

雅斯贝尔斯在《什么是教育》中提道:"教育的本质意味着:一棵树摇动另一棵树,一朵云推动另一朵云,一个灵魂唤醒另一个灵魂。"我们用我们的真心唤醒学生心中的爱,有爱的人才有灵魂,有爱才能被唤醒内在灵魂,树立正确的价值观。我们要尝试引导学生用爱人之心在日常生活中感受、发现人性的美,用批判性思维看待世界,指引他们成为自己心灵的主人。学生只有爱自己,才能懂得保护好自己的生命;学生只有爱学校,才能以校为荣,遵守学校的各项规定;学生只有爱老师,才能听从老师循循教导;学生只有爱父母,才能懂得尊重父母、孝顺父母;学生只有爱自己的国家,才能为国家奋斗,不做触碰法律法规底线的事情。

我们要坚持培育学生的健全人格,因为对学生们来说,知识的缺陷容易弥补,人格的缺陷会使人堕落,更会危害社会。在长期教育教学中,我们应该认识到好教师不仅能提升学生的学业成就,更能扮演学生的人生导师的角色,帮助学生发现自我、完善人格、确定目标、建立自信。教师特别是班主任要对学生寄予厚望,提升他们的信心,激活他们的潜能;要对每一位学生一视同仁,关心学生,尊重学生,鼓励学生发现自己,认识自己,学会接纳自己和他人;学习给予他人积极评价;帮助学生反思日常生活中与他们的互动关系,探寻生活中细微之处的奥秘。学生人格和能力得到充分发展,内在的和外显的素养共同发展,使其成为适应社会发展需要的现代化人。